Papierpatronen

für Musketen und Vorderlader-Dienstgewehre

Wolfgang Finze

Papierpatronen

für Musketen und Vorderlader-Dienstgewehre

Bibliografische Information der Deutschen Nationalbibliothek:
Die Deutsche Nationalbibliothek verzeichnet diese Publikation in der Deutschen Nationalbibliografie; detaillierte bibliografische Daten sind im Internet über http://dnb.dnb.de abrufbar.

Herstellung und Verlag: BoD – Books on Demand, Norderstedt, © 2022 Wolfgang Finze.
ISBN: 9 783754384428

Meiner Frau gewidmet

Inhalt

Einführung

Dieses Büchlein führt in eine Zeit, in der fast alle Armeen der Welt mit Vorderladern bewaffnet waren. Während im zivilen Bereich Jäger und Schützen ihre Flinten und Büchsen mit Pulver aus dem Pulverhorn und gepflasterten Geschossen aus der Jagdtasche luden, wurden im militärischen Bereich überwiegend Patronen verwendet, deren Außenhüllen aus Papier Ladung und Geschoss vereinigten. Der Zweck der Patronen (egal, ob für glattläufige Musketen oder gezogene Infanteriegewehre) wird so erläutert[1]:

„Da es bei der Chargierung bedeutenden Aufenthalt veranlassen würde, wenn der Soldat das zur Ladung benöthigte Pulver jedesmal abmessen, und dieses und die Kugel jedes besonders in den Lauf bringen müsste, auch ferner, während des Gefechts, dieses Abmessen der benöthigten Pulverquantität für die geschlossen aufgestellte Infanterie mit Schwierigkeiten verbunden seyn, die Nichtbeachtung der vorgeschriebenen Ladung nach einem gewissen Maaße aber, entweder eine geringere Schussweite, oder eine Überladung des Gewehrs höchstnachtheilig veranlassen würde: so verfertigte man, um diesen Nachtheilen vorzubeugen, Patronen ...“

Bis zur Mitte des 19 Jahrhunderts war die Infanterie überall auf der Welt mit glattläufigen Musketen bewaffnet. Da sich die Präzision dieser Gewehre kaum

---

[1] Handbuch zur Belehrung der Landwehr-Subaltern-Offiziere über ihre Berufs- und Dienstpflichten

steigern ließ, versuchte man, die Feuergeschwindigkeit zu erhöhen, denn je mehr Kugeln gleichzeitig flo-
gen, umso größer wurde auch die Wahrscheinlichkeit,
den Gegner zu treffen, etwas, für das man heute Ma-
schinengewehre einsetzt. Und da die Präzision der
glattläufigen Gewehre ohnehin gering war, hielt die
militärische Führung jedes Zielen für reine Zeitverschwendung. Eine gut gedrillte Infanterie konnte mit
ihren glattläufigen Steinschloss-Musketen selbst unter Gefechtsbedingungen in zwei Minuten bis zu
sechs Schuss abgeben, allerdings ohne zu zielen, man
hielt den Lauf der Muskete nur in Richtung des Feindes.

Um die Feuergeschwindigkeit zu erhöhen, musste
man vor allem schneller laden. Das überall verwendete Mittel zur Verkürzung der Ladezeiten war neben
einem intensiven Drill die Verwendung von Patronen,
mit denen es möglich war, das Laden der Gewehre
und damit die Schussfolge zu beschleunigen.

Die allgemeine Bewaffnung der Infanterie mit gezogenen Vorderladern nach dem System Minie änderte
zwar das Bild des Krieges dramatisch, man blieb aber
bei der Verwendung von (deutlich verbesserten) Papierpatronen. Die nun eingeführten Gewehre waren
den bisher verwendeten glattläufigen Musketen sowohl in der Reichweite als auch der Präzision weit
überlegen. Die Geschosse aus diesen Gewehren ver-
ursachten meist auch schlimmere Verletzungen. Allerdings änderte das nichts an den taktischen Vorga-
ben für die Infanterie. Zwar verbesserte man die
Schießausbildung des einzelnen Infanteristen deutlich, aber nach wie vor marschierte die Infanterie in
geschlossenen Formationen auf und führte das Feu-

ergefecht aus einer eher geringen Entfernung. Das brachte verheerende Verluste.

Trotz der deutlich besseren Schusspräzision des Einzelschusses zählten vor allem die Reichweite und die möglichst flache Flugbahn des Geschosses. Bedingt durch die große Geschossmasse und die eher geringen Anfangsgeschwindigkeiten war die Flugbahn der Geschosse immer stark gekrümmt und lag, je nach Kaliber, Schussentfernung, Anfangsgeschwindigkeit und Geschossform an ihrem Scheitelpunkt viele Meter über der Visierlinie. Eine flache Flugbahn bedeutete immer einen größeren „bestrichenen Raum"[2]. Deshalb wurde für die Patronen für gezogene Gewehre die größtmögliche Ladung gewählt. Das wird Im Beschluss des Schweizer Bundesrats vom 13. Mai 1851 „betreffend die Bewaffnung und Ausrüstung der Scharfschützen" auch klar gesagt[3]:

> „Die Ladung ... muß so groß genommen werden, als der Schütze des Rückstoßes wegen sie aushalten kann."

Das bedeutet nicht, dass Waffen mit Papierpatronen nicht präzise schossen. Vom bayerischen Podewils-Vorderlader M.1858, Kaliber 13,9mm, ist bekannt, dass auf 100 Schritt (73m) alle Schüsse[4] innerhalb einer Fläche von 20cm x 20cm lagen. Die folgende

---

[2] Die Strecke, in der die Flugbahn des Geschosses nicht über etwa 1,80m (Größe eines aufrecht stehenden Soldaten) über dem Erdboden liegt. Je größer der „bestrichene Raum", umso wahrscheinlicher ist es, ein aufrecht stehendes Ziel zu treffen.

[3] Sammlung der in Kraft bestehenden Gesetze, Beschlüsse, Verordnungen und Vorschriften des Bundes über das schweizerische Militärwesen bis zum 31. Juli 1861

[4] Plönnis, Neue Studien ... Band 2

Skizze[5] zeigt den Zusammenhang zwischen Flugbahn und bestrichenem Raum.

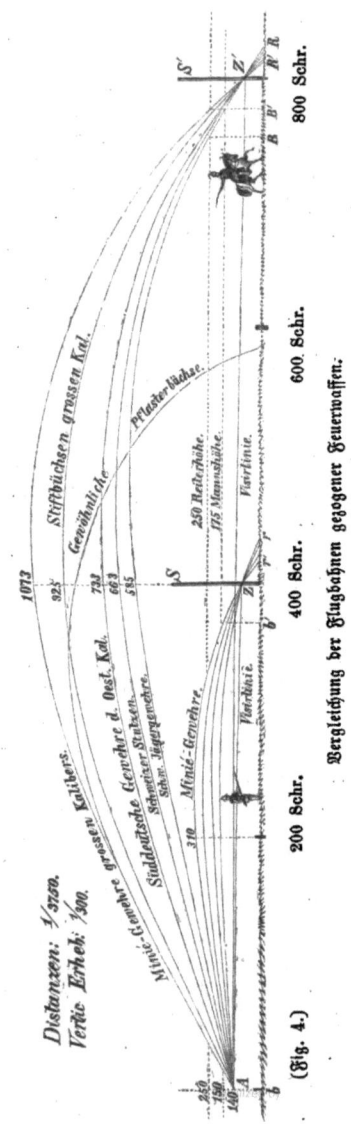

(Fig. 4.)

[5] Anonymus: Das Deutsche Wehr- und Schützenwesen

Papierpatronen für Musketen

In den gut 200 Jahren zwischen dem Beginn des 30-jährigen Krieges und der Zeit bis etwa 1848 war die Infanterie überall auf der Welt mit glattläufigen Musketen bewaffnet. Im Laufe der Jahre änderten sich zwar das Schloss der Waffen und ihre äußere Form, der innen glatte Lauf blieb aber das Kennzeichen eines Infanteriegewehrs, dessen Präzision sich seit dem 30-jährigen Krieg kaum verbessert hatte. Zielen wurde lange Zeit als reine Zeitverschwendung angesehen.

Erst die napoleonischen Kriege und die größere Bedeutung des zerstreuten Gefechts änderten die Einstellung zum Zielen. Die meisten Armeen Europas versahen ihre Musketen jetzt mit einer Kimme und verbesserten die Schießausbildung der Soldaten. Trotzdem blieb die möglichst schnelle Schussfolge bei der Infanterie das Maß aller Dinge. In Preußen hatte man folgende Erfahrungen gemacht[6]. Beim Salvenfeuer einer mit glattläufigen Musketen bewaffneten Einheit, die 200 Schuss auf eine 6 Fuß (etwa 1,80m) hohe und 40 Schritt (30m) lange Bretterwand[7] abgab, waren auf der Scheibe:

- Auf 100 Schritt (75m) 150 Treffer, also etwa ¾ der abgegebenen Schüsse.
- Auf 200 Schritt (150m) 100 Treffer also etwa die Hälfte der abgegebenen Schüsse.

---

[6] Handbibliothek für Offiziere oder Populaire Kriegslehre für Eingeweihte und Laien

[7] In etwa die Größe einer in Gefechtsordnung angetretenen gegnerischen Kompanie

- Auf 300 Schritt (225m) 55 Treffer, also etwa ¼ der abgegebenen Schüsse.

Wurde mit der Muskete gezielt auf eine 6 Fuß hohe und 4 Fuß breite (ca. 1,80m x 1,20m) Scheibe geschossen, erwartete man folgende Ergebnisse:

- Auf 50 Schritt (37,5m)   90% bis 97% Treffer
- Auf 100 Schritt (75m)   76% bis 90% Treffer
- Auf 200 Schritt (150m)   55% bis 76% Treffer
- Auf 300 Schritt (225m)   41% bis 45% Treffer

Die Patronen für die Musketen wurden von dazu abkommandierten Soldaten in den Heereslaboratorien hergestellt. An das für die Herstellung der Patronen verwendete Papier wurden keine besonderen Anforderungen gestellt. Nach den 1841 in München herausgegebenen „Vorschriften zur Fertigung der Patronen ....“ durfte in Ausnahmefällen dafür sogar Altpapier (Makulaturpapier) verwendet werden. Wichtig war nur, dass das Papier nicht so dick war, dass sich die Patrone nicht mehr laden ließ. Festgelegt[8] war:

„Der Durchmesser einer Patrone muß so beschaffen seyn, daß der Spielraum derselben in der Seele des Rohres nicht über 0,04“ und nicht unter 0,02“ beträgt.“

Da die Angaben in rheinischem Zoll erfolgten[9], war der Durchmesser der umwickelten Kugel um 0,6mm bis 1,2mm geringer als der Lauf-Innendurchmesser. Je geringer der Spielraum, umso besser trafen die

---

[8] Vorschriften zur Fertigung der Patronen für die Zündhütchen-Gewehre und Schützen-Stutzen der Infanterie
[9] Ein rheinische Zoll hatte eine Länge von 26,15mm

Schüsse. Allerdings durfte der Spielraum nicht zu klein sein, denn sonst ließen sich die Waffen wegen der unvermeidbaren Pulverrückstände im Lauf nach ein paar Schuss nicht mehr laden.

Die selbst aufschüttende Pfanne

Preußen ordnete im August 1780 an[11], das Zündloch der Infanteriegewehre innen trichterförmig zu erweitern. Dadurch lief Pulver aus dem Lauf in die (geschlossene) Pfanne; beim Laden des Gewehrs wurde auch die Pfanne gefüllt, und zwar immer mit etwa der gleichen Menge Pulver. So sparte man einen Schritt beim Laden der Waffe ein, was wiederum zu einer Vergrößerung der Feuergeschwindigkeit führte. Diese Art des Füllens der Pfanne hatte den Vorteil, dass das Pulver auf der Pfanne auch bei starkem Wind nicht weggeblasen werden konnte und auch bei Regen oder feuchtem Wetter trocken blieb. Bei der Kavallerie (soweit sie mit Feuerwaffen ausgerüstet war) wurde so das Laden ebenfalls ungemein erleichtert.

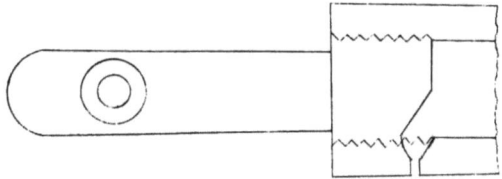

Innen trichterförmig gebohrtes Zündloch und Schwanzschraube mit Kehle.[12]

---

[11] Müller: Das Heerwesen in Brandenburg und Preußen 1640 – 1806, Berlin 1991 .

[12] Aus: Beroaldo Bianchini: Abhandlung über die Feuer- und Seitengewehre, Wien 1829, Band 2

Durch das größere Zündloch strömte aber auch viel Gas aus. Der Feuerstrahl konnte sogar den rechts neben dem Schützen stehenden Soldaten verletzen. Deshalb erhielten die Pfannen der preußischen Infanteriegewehre ab 1790 einen eisernen Feuerschirm, der den Feuerstrahl abfing.

Der aus dem Zündloch austretende starke Gasstrahl hatte noch eine weitere Folge. Das größere Zündloch bei zum Selbstaufschütten eingerichteten Pfannen sorgte für eine stärkere Gasausströmung und vergrößerte so den Schlag auf die Wange des Soldaten, auch als Backen- oder Wangenschlag bezeichnet. Viele Soldaten hatten deshalb nach dem Scharfschießen geschwollene oder sogar blutig geschlagene Wangen.

1828 hatten die Zündlöcher der preußischen Militärwaffen folgende Durchmesser[13].

- Waffen, bei denen Pulver auf die Pfanne geschüttet werden musste, hatten Zündlöcher der Größe 0,08" bis 0,1" (beim in Preußen üblichen rheinischen Zoll sind das 2,09mm bis 2,61mm).
- Sollte die Pfanne beim Laden der Waffe mit gefüllt werden, hatte das Zündloch einen Durchmesser von 0,1" bis 0,12" (2,61mm bis 3,13mm). Außerdem hatte die Schwanzschraube eine schräg gefeilte Vertiefung (Kehle), die in Richtung des Zündlochs verlief und das Pulver aus dem Lauf auf die Pfanne führte.

Gleiche Zündlochgrößen[14] weisen auch die sächsischen Waffen auf.

---

[13] Handbibliothek für Offiziere – Dritter Band, Waffenlehre: Berlin 1828

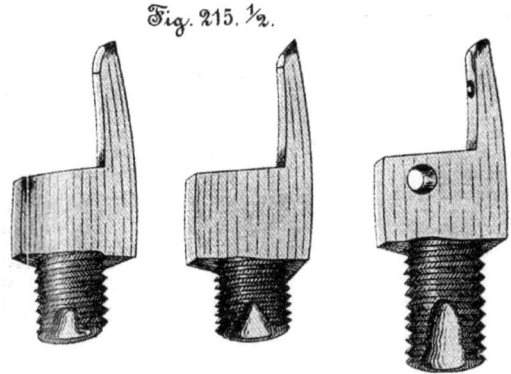

Schwanzschrauben mit Kehle[15]

Oft war das Zündloch so gebohrt, dass es der Neigung der „Kehle" folgte.

Zum Selbstaufschütten eingerichtete Pfanne einer sächsischen Reiterpistole. Der Holzspan zeigt die Richtung des Zündkanals.

Glattläufige Musketen und Papierpatronen sind nichts für Präzisionsfanatiker. Man sollte aber die

---

[14] Rouvroy, F.G.: Das kleine Feuergewehr sowohl für das Fußvolk als auch für die Reiterei
[15] Abbildung 215 aus: Thierbach, M.: Die geschichtliche Entwicklung der Handfeuerwaffen

erreichbare Präzision nicht unterschätzen. Ein Schütze, der seine Muskete beherrscht und mit Patronen lädt, deren Außendurchmesser nur geringfügig kleiner ist als das Laufkaliber, kann auf 50m problemlos mit jedem Schuss ein Quadrat mit den Abmessungen 55cm x 55cm treffen.

Laden – damals

Beim Laden einer Muskete mit selbst aufschüttender Pfanne sollten folgende Hinweise[16] beachtet werden:

„Die Patrone wird ... aus der Tasche geholt und mit den Zähnen hart an dem Pulver, doch ohne etwas davon zu verschütten, abgebissen, in den Lauf gebracht und solchergestalt so lange zwischen den Fingern gehalten, bis das Pulver ganz aus der Hülse ausgelaufen ist. ...

Ist das Pulver aus der Hülse gelaufen, so lässt man letztere, nachdem man das vordere Papier in Art eines Pfropfs zusammengedrückt hat, sammt der Kugel in den Lauf fallen, und stößt sie nunmehro mit dem Ladestock scharf und dergestalt herunter, daß sie fest auf dem Pulver zu liegen kömmt; durch diesen Stoß wird zugleich das auf der Pfanne nöthige Pulver dahin getrieben. ...

Die Kugel muß zwar fest auf dem Pulver aufsitzen, indessen darf man mit dem eisernen Ladestock nicht zu oft und zu stark auf die Kugel stoßen, weil sie sonst ihre Rundung verliert, auch das Pulver hiedurch zermalmt wird.“

---

[16] Handbuch zur Belehrung der Landwehr-Subaltern-Offiziere

Je nachdem, ob eine Steinschloss-Muskete eine selbst aufschüttende Pfanne hatte oder nicht, wurden unterschiedliche Ladeschemata angewendet.

Bei Steinschlosswaffen mit einem zylindrischen Zündloch wurde nach diesem Schema geladen:

1. Gewehr etwa in Körpermitte quer vor den Leib halten.
2. Hahn in die Laderast setzen und mit dem Daumen der rechten Hand die Pfanne auswischen. War das Zündloch verkrustet, wurde es mit der Räumnadel frei gemacht.
3. Patrone aus der Tasche nehmen und mit den Zähnen aufreißen.
4. Pfanne mit einem Teil des Pulvers aus der Patrone füllen.
5. Pfanndeckel schließen.
6. Gewehr senkrecht und mit der Mündung nach oben halten.
7. Den Inhalt der Patrone in den Lauf schütten.
8. Die Patrone mit der Kugel oben in die Mündung stopfen.
9. Mit dem Ladestock die Kugel auf die Pulverladung drücken und ein- oder zweimal nachstoßen, damit das Patronenpapier plattgedrückt wird und wie ein Pfropf zwischen Ladung und Kugel liegt.

Bei einer zum Selbstaufschütten der Pfanne vorgesehenen Steinschlossmuskete galt das folgende Schema:

1. Gewehr etwa in Körpermitte quer vor den Leib halten.

2. Hahn in die Laderast setzen und mit dem Daumen der rechten Hand die Pfanne auswischen. War das Zündloch verkrustet, wurde es mit der Räumnadel frei gemacht.
3. Zuklappen des Pfanndeckels.
4. Gewehr senkrecht und mit der Mündung nach oben halten.
5. Patrone aus der Tasche nehmen und mit den Zähnen aufreißen.
6. Den Inhalt der Patrone in den Lauf schütten.
7. Die Patrone mit der Kugel oben in die Mündung stopfen.
8. Mit dem Ladestock die Kugel auf die Pulverladung drücken und ein- der zweimal nachstoßen, damit das Patronenpapier plattgedrückt wird und wie ein Pfropf zwischen Ladung und Kugel liegt.

Unabhängig von der Art des Zündlochs wurde der Hahn erst beim Kommando „Fertig" gespannt. Da keiner der heute angebotenen Neo-Classiker eine selbst aufschüttende Pfanne hat und es aus Sicherheitsgründen unzulässig ist, zuerst die Pfanne und dann die Muskete zu laden, wird erst im letzten Schritt Zündpulver auf die Pfanne gegeben. Soll (z.B. beim Reenactment) nach historischem Vorbild geladen werden, muss deshalb die Schlagfläche der Batterie gesichert werden, z.B. mit einer ledernen Haube.

Patronenanfertigung - damals

Es gibt mehrere Arten der Herstellung von Papierpatronen. Eine davon wird in der preußischen „Vor-

schrift[17] zur Fertigung der neuen scharfen Flintenpat-
ronen...." vom 24. September 1840 mit den Änderun-
gen vom 6. April 1842", beschrieben. Danach wurde
aus einem 16 Zoll rh[18] langen und 13 ¼ Zoll breitem
Bogen Papier für 10 Hülsen geschnitten.

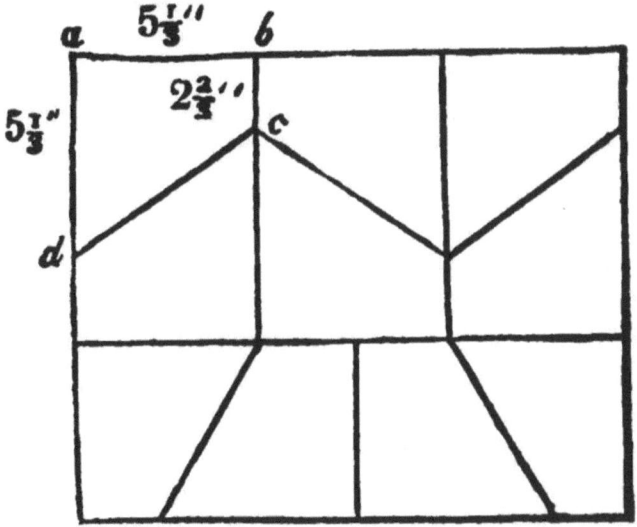

Das Papier für die Hülsen hatte die Abmessungen
13,9cm x 13,9cm x 7cm. Der Wickelstab (Winder)
wurde so auf das Papier gelegt, dass noch ausrei-
chend viel Papier überstand, um die Kugel einsetzen
und festbinden (würgen) zu können.

---

[17] Witzleben, A. von: Grundzüge des Heerwesens und Infanteriedienstes...
[18] 1 Zoll rh = 26,15mm

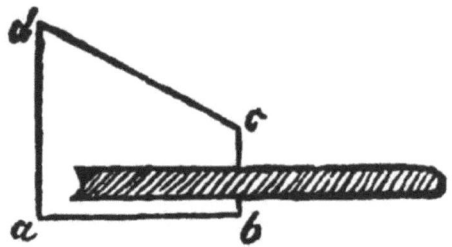

Der Bogen für die Patronenhülse wurde der Länge nach etwa 1cm breit mit Kleber eingestrichen und nach dem Einsetzen der Kugel vollständig um Kugel und Wickelstift gerollt. Die Verklebung des Hülsenpapiers sollte ein späteres Verstreuen des Pulvers verhindern. Danach wurde das vor der Kugel stehende Hülsenpapier mit einer Würgeschnur zusammengezogen, die Einschnürung mit Zwirn und einem Knoten gesichert und das noch überstehende Hülsenpapier gegen die Kugel gedrückt. Nun wurde mit der Würgeschnur eine zweite (aber nicht so tiefe) Einschnürung oberhalb der Kugel erzeugt, die verhindern sollte, dass Pulver zwischen Papier und Kugel gelangte. Auch diese Einschnürung wurde mit einem Knoten gesichert.

Nach dem Trocknen wurden die Hülsen für Steinschloss-Musketen mit 2/3 Loth[19] Gewehrpulver, also 11,12 Gramm bzw. 171,6 Grain gefüllt. Die Patronen für Musketen mit Perkussionszündung enthielten 11/24 Loth, also 7,65 Gramm bzw. 118 Grain Gewehrpulver. Zum Befüllen der Hülsen wurde ein Schöpfmaß verwendet.

---

[19] 1 Loth = 16,687 Gramm

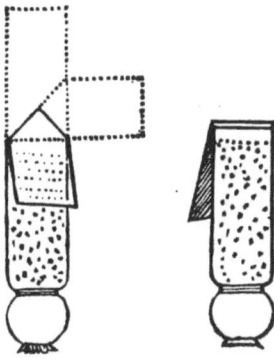

Nach dem Füllen wurde das über dem Pulver stehende Papier zusammengedrückt, wobei die dabei entstehende Falte etwa 1/8 Zoll rh. bzw. 3,26mm über dem Pulver sein sollte. Anschließend wurde das Papier erst von links nach rechts, dann von rechts nach links gefaltet. Der so entstandene Verschluss der Patrone wurde noch einmal mit einer Handpresse gepresst, dann wurde die entstandene Spitze nach unten umgelegt.

Diese Art der Faltung bezeichnete man als „französischen Bruch". Er galt als leicht erlernbar, aber nicht als sonderlich haltbar.

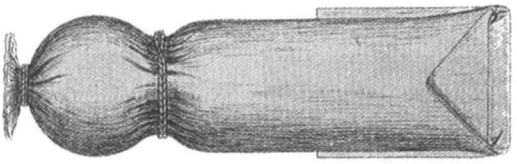

eine preußische Musketenpatrone[20]

---

[20] Bild aus: Thierbach: Die geschichtliche Entwicklung der Handfeuerwaffen

Patronenanfertigung - heute

Möchte man heute Papierpatronen für seine Muskete herstellen, sollte man nach der der preußischen Vorschrift verfahren. Für die Anfertigung der Papierpatronen benötigt man passende Kugeln[21], Papier (gut geeignet ist dickes Packpapier), eine Schere, ein Lineal und einen handelsüblichen Klebestift.

Für das Würgen und Schnüren der Hülsen wird ein Brett mit Schnur zum Würgen der Patrone und dünnes, aber haltbares Garn zum Schnüren benötigt.

Ein Würgebrett lässt sich aus einem Stück Brett, zwei Holzdübeln und einer glatten Schnur leicht selbst anfertigen. Außerdem benötigt man einen Wickelstift (Winder). Der Stift hat einen Durchmesser von 17,5mm, eine Länge von 200mm und ist auf einer Seite im vorderen Bereich halbkugelförmig ausgehöhlt.

Auf dem für die Hülsen bestimmten Papier werden die Abmessungen eines Hülsenbogens gezeichnet und ausgeschnitten.

---

[21] Der genaue Kugeldurchmesser richtet sich nach dem Kaliber der Muskete, für die die Patronen bestimmt sind. Für eine Brown-Bess-Muskete sind das Kugeln im Durchmesser 17,7mm (0,69"), im Angebot bei G&M Ralf Steger

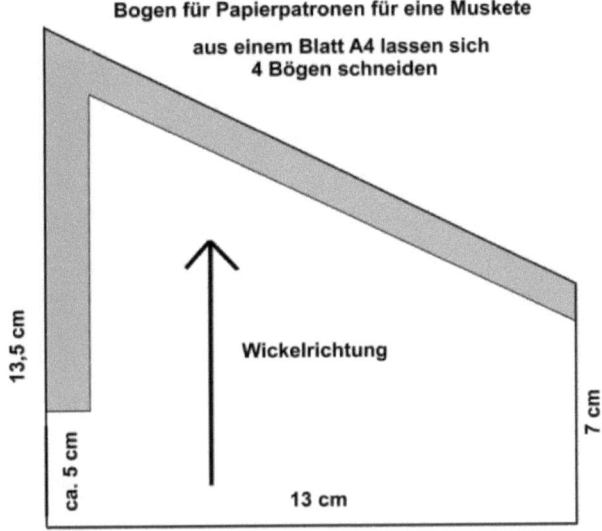

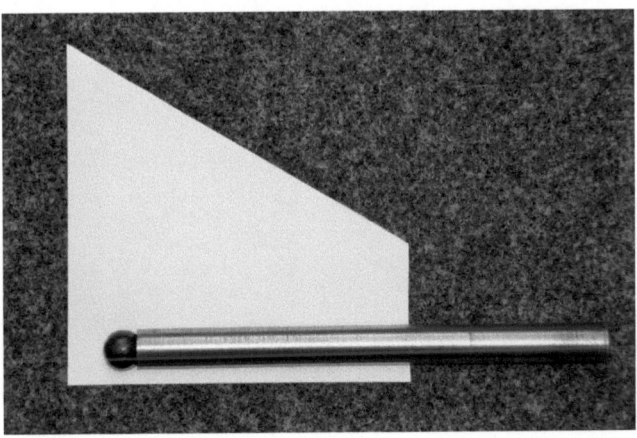

Das ausgeschnittene Papierstück wird an den markierten Stellen mit einem Klebestift eingestrichen und danach straff über den Wickelstift und die davor liegende Kugel gerollt.

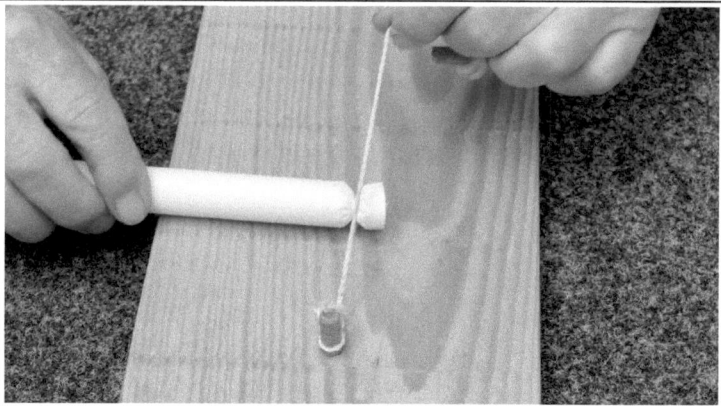

Die Hülse wird auf dem Würgebrett vor der Kugel gewürgt, anschließend wird diese Stelle mit Zwirn und
einem Knoten gesichert; das über der Bindung stehende Papier wird nach außen in Richtung der Kugel
gefaltet.

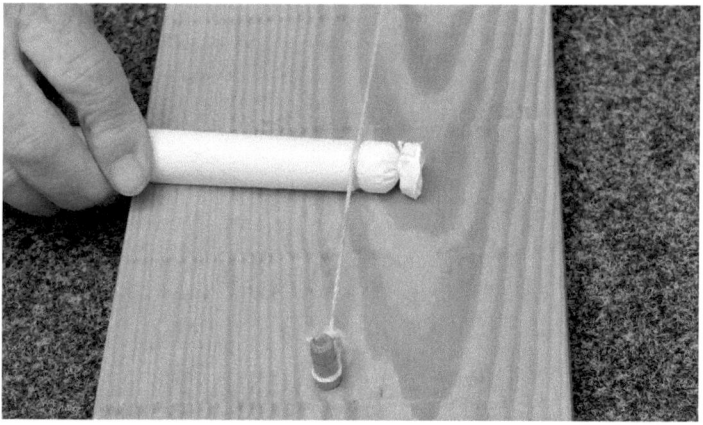

Nun wird die Hülse noch einmal hinter der Kugel gewürgt. Diese Einschnürung wird wieder mit Zwirn
und einem Knoten gesichert. Damit soll verhindert
werden, dass beim Transport der Patrone Pulver zwi-

schen Papier und Kugel gelangen kann. Die fertige
Hülse wird mit Pulver gefüllt.

Auch die Größe der Ladung richtet sich nach der
Muskete[22], für die die Patronen bestimmt sind.

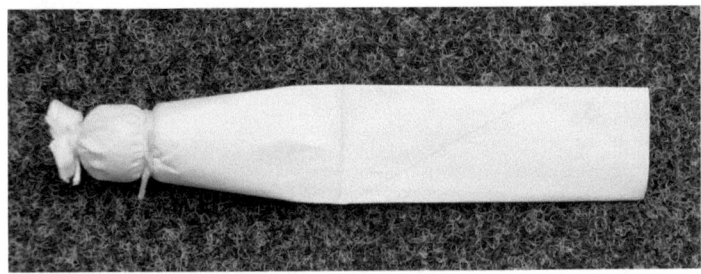

Etwa 3-4mm über dem Pulver wird das Hülsenpapier
umgebogen und glatt gestrichen.

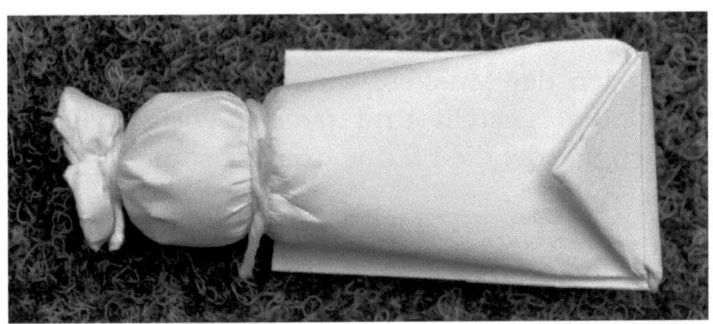

Die geladene Hülse wird mit einem französischen
Bruch verschlossen.

Da es bei Papierpatronen nicht um Schönheit, sondern um Funktion geht, kann man das Papier auch
oberhalb des Pulvers zusammendrehen, mit einem

---

[22] Für eine Brown Bess empfiehlt Pedersoli Ladungen zwischen
75 Grain und 100 Grain Schwarzpulver, deshalb wurde die
Patrone mit 90 Grain Pulver der Sorte WANO P (Körnung
0,85mm bis 1,25mm) geladen.

Knoten sichern und das überstehende Papier über die Hülse legen.

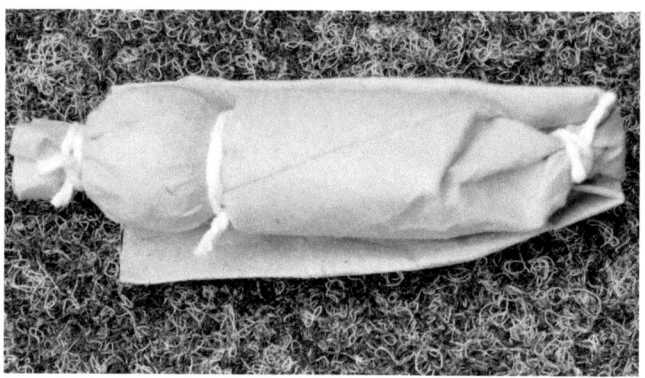

Das über der Kugel liegende Papier der Hülse wird, wie auch beim Original, nicht gefettet.

Laden - heute

Beim Laden der Muskete wird zunächst der Hahn in die Laderast gestellt und (sofern vorher schon geschossen wurde) die Pfanne ausgewischt.

Das Zündloch wird mit einem passenden Stift (z.B. einem Zahnstocher) verschlossen. Das verhindert, dass beim Laden Pulver aus dem Zündloch rieselt.

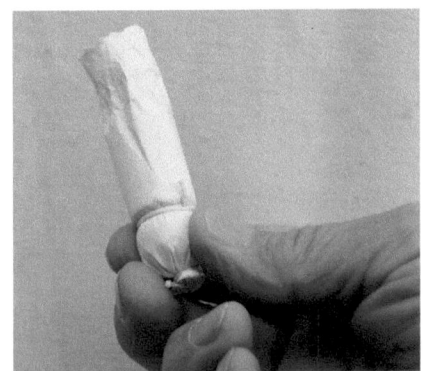

Die Patrone wird aufgerissen (oder aufgebissen).

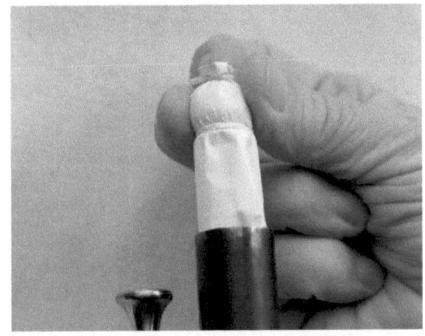

Das Pulver wird in den Lauf geschüttet.

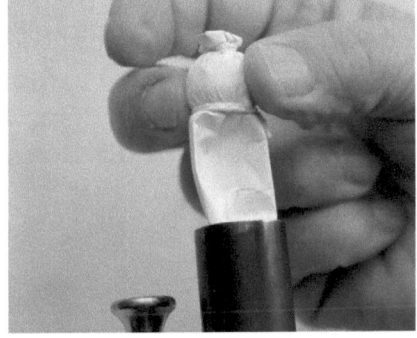

Anschließend wird die Patronenhülle zusammengedrückt und mit der oben eingebundenen Kugel in den Lauf geschoben.

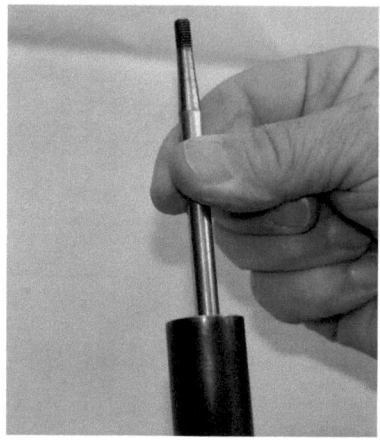

Mit dem Ladestock wird die Hülle mit der eingebundenen Kugel auf das Pulver geschoben.

Durch zwei- oder dreimaliges Nachstoßen wird das Papier der Hülse zu einem Pfropfen zusammengedrückt. Dieser Pfropfen soll den Raum zwischen Ladung und Geschoss ausfüllen und für eine Abdichtung beim Schuss sorgt.

Die Mündung der Waffe wird in Richtung des Kugelfangs gebracht, der Stift aus dem Zündloch genommen und Pulver auf die Pfanne geschüttet. Man kann dazu Zündkaut nehmen, muss es aber nicht, denn das zum Laden der Patrone verwendete Pulver zündet genauso gut. Nach dem Schließen des Pfanndeckels wird der Hahn in die Spannrast gestellt. Die Waffe ist jetzt feuerbereit.

Papierpatronen für Jägerbüchsen

Vor der allgemeinen Einführung gezogener Gewehre bei der Infanterie verfügten nur die (militärischen) Jäger und Schützen über gezogene Waffen. Sie luden anfangs aus der Pulverflasche und verschossen aus ihren Büchsen gepflasterte Kugeln, mit denen sie deutlich besser trafen und weiter schossen als die Infanteristen mit den glattläufigen Musketen. Allerdings erforderte das Laden einer Büchse mehr Zeit als das Laden einer Muskete, weshalb ein Jäger in der gleichen Zeit weniger Schüsse abgeben konnte als ein Infanterist. Lud der Jäger mit Spiel-Patronen[23] war der Ladevorgang nur unwesentlich länger als der eines Infanteristen, allerdings war so auch die Trefferleistung nur unwesentlich besser als die des Infanteristen. Im Laufe der Zeit verwendeten auch die Jäger immer mehr vorher abgepackte Ladungen (Patronen), die Pulverflasche verlor an Bedeutung und wurde zum reinen Standessymbol der Jäger oder sogar abgeschafft[24].

Die Jäger und ihre Aufgaben wurden in Vorschriften[25] so beschrieben:

---

[23] Der Name „Spiel-Patrone" bedeutet, dass die Kugel nicht wie eine Pflasterkugel straff im Lauf saß, sondern etwas Spiel hatte, was das Laden erleichterte.

[24] In Bayern wurden die Pulverflaschen zeitgleich mit der Umstellung der Büchsen auf die Perkussionszündung abgeschafft. So in Götz: Militärgewehre und Pistolen ...

[25] Bestimmungen, betreffend die Ausbildung der Jäger und Schützen

„ ... *nur Leute von aufgewecktem Geist, einem gewissen Grade von Schulbildung und von körperlicher Geschicklichkeit werden, nächst den gelernten Jägern, ... zur Einstellung überwiesen. ....*

Im Gefecht sind die Jäger und Schützen vorzugsweise zur Verwendung zu bringen:

1. *In einem Terrain, welches ihrer entwickelten Intelligenz, ihrer Findigkeit und Umsicht die Ausnutzung lokaler Vortheile vorherrschend gestatte, sowie*

2. *Um über das sichere Feuer der Jäger auf folgenden wichtigen Punkten zu verfügen, deren Festhaltung durch eine überlegene Feuerwirkung gesichert werden kann, und welche ihrerseits eine gedeckte Aufstellung der Schützen ermöglichen.*

Das Salverfeuer entspricht nicht dem Wesen der Ausbildung der Jäger und Schützen, ...

Im Sicherheits- und Vorpostendienst sind die Jäger und Schützen mit heranzuziehen, wo es sich darum handelt:

Die Sicherung des Marsches oder der Lagerung der Truppen, namentlich bei Nacht, und die Beobachtung feindlicher Unternehmungen in vorherrschend und gebirgigem Terrain zu erlangen, innerhalb der Vorposten-Aufstellung einzelne Punkte, ... besonders festzuhalten, und Unternehmungen gegen Flanke und Rücken des Feindes in einem der Jägerwaffe günstigem Terrain auszuführen.

In den allerersten Jahren bestanden die Jägereinheiten tatsächlich nur aus ausgebildeten Jägern, die sich freiwillig meldeten und ihre Büchsen mit zum Militär brachten. Später stellte der Staat genormte Waffen, „Jägerbüchsen" bereit und nahm, außer den „gelernten Jägern" auch geeignete andere Anwärter in die Jägereinheiten auf.

Die „Jägerbüchsen" sollten handlich und kurz, aber treffsicher sein. Sie hatten eine Länge von etwa 1,10m, eine Lauflänge von etwa 70cm und eine Möglichkeit zum Aufpflanzen des Hirschfängers (Bajonetthaken). Das Kaliber der Büchsen[26] sollte so groß sein, dass die aus der Büchse verschossene Kugel bis auf eine Entfernung von 400 Schritt noch tödlich wirkte.

Die preußischen Steinschloss-Jägerbüchsen hatten einen Stecher, oft einen außen achtkantigen, an der Mündung gestauchten Lauf und einen sehr kurzen (scharfen) Drall von etwa 45cm bis 50cm Länge (1,5 Umdrehungen im Lauf). Die Steinschlossbüchsen wurden mit 7,3 Gramm ($^1/_2$ Loth preußisch) Pulver geladen[27], die Perkussionsbüchsen nur noch mit 6,1 Gramm ($^5/_{12}$ Loth).

Der bayerische Steinschloss-Schützen-Stutzen[28] hatte eine Länge von etwa 1,05m, einen achtkantigen, vorn runden Lauf mit 7 Zügen, keinen Stecher, ein Kaliber von (nominell 14,64mm und eine Drall-Länge von etwa 85cm ($^3/_4$ Umdrehungen auf die Lauflänge). Die

---

[26] Rouvroy, F.G.: Das kleine Feuergewehr sowohl für das Fußvolk als auch für die Reiterei
[27] Gumtau: Die Jäger und Schützen des preußischen Heeres
[28] Schuh, M.: Die Feuerwaffen der königl. baierischen Infanterie und Kavallerie.

Patronen[29] für die Stutzen mit Perkussions-Zündung enthielten 5/16 Loth[30] Pulver (5,47 Gramm).

In Großbritannien ging man bei der 1800 eingeführten Infantry Rifle[31] (besser bekannt als Baker Rifle[32]) beim Drall einen anderen Weg, denn man wählte einen langen Drall (120"), um so das Laden zu erleichtern. Die Büchse hatte keinen Stecher, ein Kaliber von 17,3mm, eine Länge von 1,16m und einen außen runden Lauf von 76,8cm Länge. Geladen wurde sie mit 4 drams[33] (7,08 Gramm) Pulver. Schützen konnten mit der Baker Rifle bis zu 2 Schuss pro Minute abfeuern. Trotz des langen Dralls waren mit der Baker Rifle gezielte Schüsse auf große Entfernungen möglich.

Gemäß der Kriegsverfassung[34] des Deutschen Bundes sollten Jägereinheiten etwa 5% der Infanteriestärke umfassen. Allerdings stellte nicht jeder deutsche Staat Jägereinheiten auf. In einigen Staaten gab es Vorbehalte, dass die Ausbildung im Büchsenschießen zum Wildern anregen würde. Der französische General und Handfeuerwaffenspezialist Gassendi bezeichnete Büchsen sogar als[35] „eine Waffe für geduldige und phlegmatische Meuchelmörder".

---

[29] Vorschriften zur Fertigung der Patronen für die Zündhütchen-Gewehre und Schützen-Stutzen der Infanterie
[30] 1 Loth bayerisches Handelsgewicht = 17,5 Gramm
[31] Bailey: British Military Flintlock Rifles
[32] Die Baker Rifle im Einsatz ist in den Filmen „Sharps Rifle", in Deutschland als „Die Scharfschützen" zu sehen.
[33] Ein dram = 1/256 (britisches) Pfund = 1,77 Gramm
Ein britisches Pfund = 453,59 Gramm.
[34] Die Kriegsverfassung des Deutschen Bundes, §20
[35] So zitiert in Götz: Militärgewehre und Pistolen der deutschen Staaten 1800-1870.

Zur Ausstattung eines preußischen Jägers gehörten nicht nur seine Büchse und das Pulverhorn, sondern auch eine Gießform, mit der er sich passende Kugeln goss. Zangen zum Abkneifen der Gusshälse waren in der Kompanie vorhanden. Theoretisch sollten alle Büchsen das gleiche Kaliber[39] haben, aber da die Büchsen bei Bedarf gefrischt[40] wurden, vergrößerte sich mit jedem Frischen das tatsächliche Kaliber, weshalb auch die Kugelform nachgeschliffen wurde. Innerhalb der Kompanie wurden die Kugelgrößen mit eins bis zwölf bezeichnet. Hatte ein Büchsenlauf nach dem Frischen einen größeren Durchmesser als die Vorschrift zuließ[41], wurde die Büchse ausgesondert. Weiterhin galt[42] für die Munition:

„Jeder Jäger und Schütze wird belehrt, sich aus dem gelieferten Pulver und Blei seine Munition selbst anzufertigen, welches er dann auch tun muss. ... Zu den Pflasterkugeln erhält er das nöthige lose Pulver in seiner Pulverflasche, aus welcher er dann ladet.

Die scharfen Patronen muss er sich selbst anfertigen...Für die Patronen werden die Kugeln um 2 Nummern kleiner genommen als die Pflasterkugeln."

---

[39] Als Normkaliber galt, dass 24 Kugeln auf ein Pfund gingen (ein preußisches Pfund = 467,7 Gramm).

[40] War der Lauf der Büchse durch den häufigen Gebrauch abgenutzt, wurde er nachgezogen. Das wurde als „Frischen" bezeichnet. Ein gefrischter Lauf wurde durch einen eingravierten Ring um die Mündung gekennzeichnet, jeder Ring bedeutet ein Frischen.

[41] Wenn der Lauf so weit geworden war, dass 18 ½ Kugel auf ein Pfund gingen, wurde die Büchse ausgesondert.

[42] Gumtau: Die Jäger und Schützen des preußischen Heeres

Der Begriff „scharfe Patrone" wird hier als Synonym für „Spiel-Patrone" verwendet. Die Anfertigung von „scharfen Patronen" für die Büchsen entspricht etwa der bei Musketen beschriebenen Art. Gemäß der Vorschrift[43] wurden diese Patronen so angefertigt:

„Zur Anfertigung der scharfen Patronen für die Büchse ist ein Patronenholz, d.h. ein Stöckchen von etwa 6 bis 8 Zoll Länge erforderlich, dessen Stärke um so viel geringer ist, als die Seele des Rohrs sein muss, daß es noch willig in das Rohr hineingeht, wenn das Patronenpapier umgewickelt ist. An dem einen Ende muß das Patronenholz fast in dem Umfange, wie eine halbe Kugel, ausgedreht sein. ...

Zu den Hülsen muß mittelmäßig starkes, geleimtes Papier genommen werden. ... die Hülsen 4 ½ Zoll lang, an dem einen Ende, wo die Kugel angewürgt wird, 4 ½ Zoll, und am entgegengesetzten oberen Ende 2 ½ Zoll breit werden ...

Die Pflaster zu den Patronenkugeln müssen nach Maaßgabe der Kugel 2 bis 2 ¼ im Gevierte groß sein. Dies wird um die Kugel umgeschlagen, so daß der Gußzapfen-Abkniff oben kommt und die Zipfel des Pflasters werden mit starkem Zwirn dicht unter der Kugel zusammengewürgt. Das Papier wird um das Patronenholz gewickelt, die Kugel mit dem Parchenzapfen in die Hülse gesetzt und diese wiederum nun mit Zwirn dicht an der Kugel um den Zapfen gewürgt; nun drückt man allmählig die Kugel in die Hülse hinein, so dass diese über den Zapfen reicht und die Kugel bis beinahe zur Hälfte in der

---

[43] Gumtau: Die Jäger und Schützen des preußischen Heeres

Hülse steckt. Jetzt kehrt man die Patrone um, setzt die Kugel auf den Tisch, oder auf ein Brett auf und treibt dieselbe durch einige gelinde Stöße fester in die Hülse. Dabei staucht sich der Zapfen des Pflasters in der Höhlung des Patronenholzes fest zusammen. Die Kugel wird nun bis an die Hülse in zerlassenes Talg getaucht, die Hülse mit der gehörigen Pulverladung gefüllt und der leere Theil derselben kreuzweis zusammengeknifft. Das Pflaster erhält nun nach oben einen Keuzschnitt, der etwa $1/3$ der Kugelstärke beträgt. ..."

Für jeden Jäger wurden für den Kriegsfall 90 Schuss bereitgestellt; 60 davon hatte er „am Mann" (sog. Taschenmunition), 30 Schuss lagen auf dem Pulverkarren. Dabei galt:

„Sowohl von den 60 Schüssen der Taschenmunition als von den in den Pulverkarren verpackten 30 Schüssen, bestehen immer $2/3$, also resp. 40 und 20 Schuß in Pflasterkugeln und $1/3$, oder resp. 20 und 10 Schuß in Spiel-Patronen, deren Kugeln um 2 Nummern kleiner sind.

Von den Pflaster-Kugeln können, weil sich solches nach vielfachen Versuchen als sehr praktisch bewährt hat, die Hälfte als Paßpatronen, d. h. als solchen Patronen mit der normalmäßigen Pflasterkugel angefertigt werden, bei denen das abgemessene Pulver zu jedem Schusse in einer Patronen-Hülse befindlich ist, ... und die Kugel welche, in Leinewand gewickelt, an der Hülse befestigt ist, mit einem Pflaster ebenso wie die Pflasterkugel, eingeladen ist. ... Die andere Hälfte der Pflasterkugeln, ..." werden unter allen Umständen, eine jede Kugel in

ihr Pflaster und in ein besonderes Papier gewickelt,
mitgenommen, wozu der Jäger und Schütze das er-
forderliche lose Pulver in der Pulverflasche erhält.
...

Paß-Patronen waren in blauem Papier verpackt,
scharfe Patronen (Spiel-Patronen) in weißem. Die
„scharfen Patronen" wurden gemäß der Vorschrift[44]
so geladen:

> *„Um damit zu laden, faßt man diese so, daß man*
> *sie mit dem Daumen und dem Zeigefinger dicht*
> *über dem Pulver zusammendrückt und nun den lee-*
> *ren Theil der Hülse abbeißt. Die Hülse wird dann in*
> *die Mündung gesteckt, wobei man durch leichtes*
> *Drehen und Drücken derselben das völlige und ra-*
> *sche Auslaufen des Pulvers zu befördern sucht.*
> *Dann drückt man, um rasch zu laden, welches der*
> *Zweck der Patronen ist, ohne die Hülse abzureißen,*
> *die Kugel mit dem Daumen in die Mündung und*
> *stößt sie mit dem Ladestock völlig hinunter. Im Ueb-*
> *rigen verfährt man wie bei der Pflasterkugel."*

Auch in Bayern gossen sich die Jäger ihre Kugeln
selbst. Zum Laden wurde Pulver aus dem Pulverhorn
in das Lademaß[45] (das mit einem Kettchen an einem
Knopf des Uniformrocks befestigt war) geschüttet. Der
Inhalt des gefüllten Lademaßes wurde in den Lauf
geschüttet, ein (vorher mit flüssig gemachtem Talg
getränktes) Pflaster aufgelegt, darauf die Kugel. Anschließend wurde die gepflasterte Kugel mit dem La-

---

[44] Gumtau: Die Jäger und Schützen des preußischen Heeres
[45] Schuh, M.: Die Feuerwaffen der königl. baierischen Infanterie
    und Kavallerie

dehammer in den Lauf getrieben und mit dem Ladestock auf die Ladung geschoben.

Der Schweizer Feldstutzer

Der 1851 für die eidgenössischen Scharfschützen[46]
eingeführte Feldstutzer war das letzte Militärgewehr,
das mit gepflasterten Geschossen geladen wurde und
gleichzeitig das erste Militärgewehr, das die Vorteile
des (damals) kleinen Kalibers ausnutzte. Der Feldstutzer ermöglichte eine bis dahin unerreichte Präzision. Geladen wurde er bis 1864 mit gepflasterten
Langgeschossen Länge 24mm, Masse 16,5 Gramm,
Durchmesser über den beiden Ringen etwa 10,2mm,
Anfangsgeschwindigkeit ca. 440m/s) und einer Pulverladung von 4 Gramm Schwarzpulver („Korn Nr.4").
Die Pulverladung war in einer Papierhülle eingepackt.

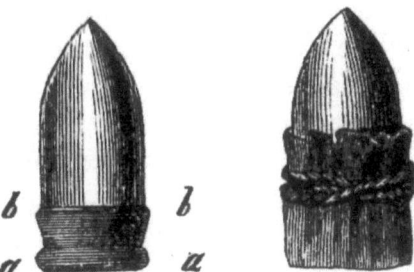

Geschoss des Feldstutzers, ohne und mit Pflaster[47]

Das runde Pflaster (Durchmesser 32mm) war mit einer aus 2/3 Schweineschmalz und 1/3 Schaftstalg

---

[46] Die kantonsweise in Kompanien zusammengefassten Scharfschützen bildeten bis 1874 eine eigene Waffengattung und sollten mit gezielten Schüssen lohnende Ziele wie gegnerische Offiziere, Geschützbesatzungen oder Munitionswagen ausschalten.
[47] Rüstow: Kriegshandfeuerwaffen, Band 2.

bestehenden Fettmischung getränkt und wurde mit
einem groben Bindfaden um das Geschoss gebunden.

Jeder Scharfschütze hatte ein hölzernes Ladebrett,
um die Geschosse vorzubereiten. Das Pflaster wurde
auf eine Bohrung mit dem Durchmesser des Pflasters
gelegt. In der Mitte der Bohrung war eine Höhlung,
die einen etwas größeren Durchmesser als das Geschoss hatte. Das Geschoss wurde in die Höhlung
gedrückt, und das Pflaster am Geschoss festgebun-
den.

Zum Laden wurde die Papierhülle aufgerissen, das
Pulver in den Lauf geschüttet, die leere Papierhülle
weggeworfen und anschließend das gepflasterte Geschoss in den Lauf gedrückt. Dabei sollte sich der um
das Pflaster gelegte Bindfaden abstreifen; danach
wurde das Geschoss mit dem Ladestock nach unten
auf das Pulver geschoben. Am Ladestock befand sich
eine Scheibe, die dafür sorgte, dass das Geschoss
immer gleich tief gesetzt wurde. Zwischen Pulver und
Geschoss blieb immer ein (sehr kleiner) Zwischen-
raum. Das sollte einerseits die Präzision des Schusses
erhöhen und andererseits dafür sorgen, dass beim
Setzen des Geschosses kein Pulver zerdrückt werden
konnte.

Papierpatronen für gezogene Infanteriegewehre

Gezogene Gewehre waren beim Militär schon lange bekannt, galten aber als ungeeignet für die Bewaffnung der gesamten Infanterie. Einerseits war wegen des eher umständlichen Ladens die Feuergeschwindigkeit gezogener Gewehre deutlich geringer als bei den glattläufigen Musketen, andererseits glaubten die militärischen Autoritäten, dass der einfache Soldat mit der Pflege gezogener Gewehre überfordert wäre. Das änderte sich auch nach den Erfindungen von Delvigne (Kammerbüchse) und Thouvenin (Dornbüchse) nur wenig.

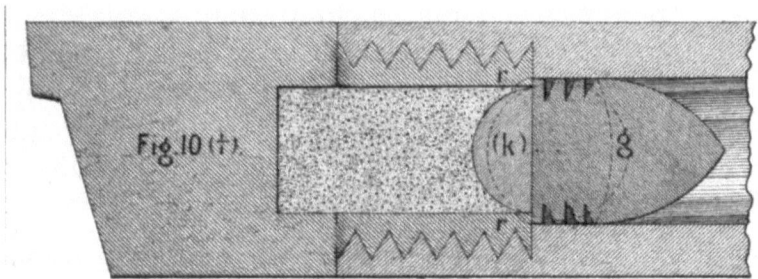

Kammerbüchse nach System Delvigne. Das Geschoss wird am Kammerrand gestaucht.[48]

---

[48] Bildquelle: Tafeln zum „Grundriss der Waffenlehre", Sauer, München 1869

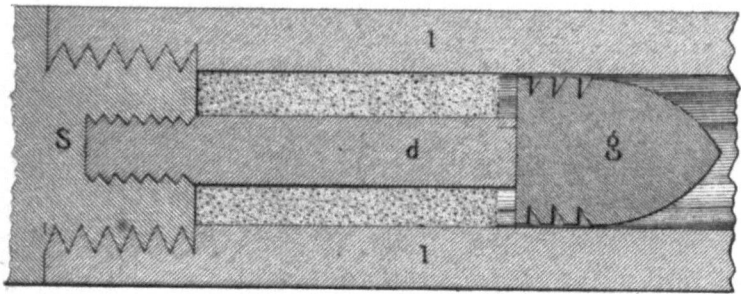

**Dornbüchse nach System Thouvenin[49]. Das Hohlbodenge-
schoss wird auf einem in der Schwanzschraube angeordneten
Stift (Dorn) aufgeweitet. Der Dorn sorgt auch dafür, dass es
immer einen Hohlraum zwischen Geschoss und Ladung gab,
das Geschoss also nicht das Pulver zerdrückte.**

Dornbüchsen erreichten eine deutlich bessere
Schusspräzision als die bisherigen Pflasterbüchsen
und ließen sich zudem leichter laden. Frankreich
nahm 1846 für die Jäger zu Fuß und später auch für
die Zouaven[50] eine Dornbüchse im Kaliber 17,8 mm
an. Preußen übernahm 1848 das Dornsystem für die
Jägerbüchsen und arbeitete die vorhandenen Jägerbüchsen entsprechend um.

Der Dorn erschwerte allerdings die Reinigung dieser
Gewehre.

---

[49] Bildquelle: Tafeln zum „Grundriss der Waffenlehre", Sauer,
München 1869
[50] Nordafrikanisch gekleidete leichte Infanterie. Ihre Uniform bestand aus einer kurzen, vorn offenen Jacke, Pluderhosen,
Schärpe und einer Kopfbedeckung, die einem Fez ähnelte.
Zouaven-Regimenter wurden nicht nur in Frankreich und einigen anderen Staaten aufgestellt, während des Bürgerkriegs
wurden auch in den USA solche Regimenter gebildet.

Expansionsgeschosse

Das vom französischen Offizier Claude Etienne Minie entwickelte Geschoss löste eine Revolution in der Bewaffnung aus. Minie hatte ein Geschoss entwickelt, mit dem sich ein Infanteriegewehr so leicht laden ließ wie eine glattläufige Muskete, das aber so präzise schoss wie eine Büchse. Da Minie-Geschosse flache Züge erforderten, ließen sich die vorhandenen glattläufigen Musketen vielfach schnell in gezogene Gewehre umbauen.

Selbst das eigentlich mit der Einführung von Zündnadelgewehren beschäftigte Preußen ließ zwischen Mai 1855 und November 1856 302.431 glattläufige Vorderlader M/39 nach dem System Minie ziehen. Die Maßnahme erfolgte allerdings nicht, weil man das Minie-System für überlegen hielt, sondern weil man die Landwehr nicht mit glatten Gewehren in den Kampf schicken wollte, falls Preußen in den Krimkrieg hineingezogen würde.

Das von Minie entwickelte Geschoss hatte einen konischen Hohlboden, in dem sich ein eiserner Napf (culot, im Bild mit c bezeichnet) befand. Der Druck, der beim Entzünden der Ladung entstand, trieb den culot in den Hohlboden des schweren Bleigeschosses, weitete es auf und drückte es so in die Züge. Zu diesem Zeitpunkt hatte sich das Geschoss, bedingt durch seine Trägheit, noch gar nicht in Bewegung gesetzt. Das Geschoss konnte auch größere Toleranzen[51] im Kaliber der Läufe ausgleichen.

---

[51] Beim preußischen Zündnadelgewehr betrug die Kalibertoleranz 0,35mm (Kaliber zwischen 15,30mm und 15,56mm), beim

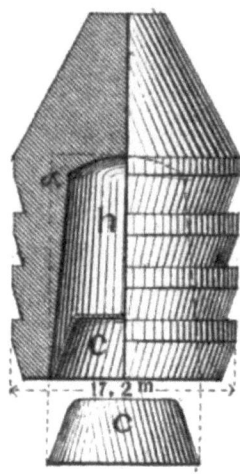

Minie-Geschoss, mit eisernem Treibspiegel (culot)[52]

Die heute als „Fettrillen" bezeichneten Rillen enthielten allerdings nur in Ausnahmefällen Fett. Ihr eigentlicher Zweck war, die Reibung des Geschosses im Lauf zu vermindern. Außerdem sollte so der Schwerpunkt des Geschosses nach vorn verlagert werden.

Die allgemeine Annahme dieses Geschosses führte in vielen Staaten dazu, dass innerhalb von weniger als 20 Jahren die Infanterie zweimal völlig neu bewaffnet wurde.

Manche Staaten wandelten aber nicht nur ihre glattläufigen Musketen nachträglich in gezogene Gewehre um, sondern gingen einen Schritt weiter und entwi-

---

Schweizer Feldstutzer M.1851 lag die Kalibertoleranz bei 0,9mm (Kaliber zwischen 10,2mm und 11,1mm) und selbst beim Schweizer Infanteriegewehr M.1863 lag die zulässige Kalibertoleranz immer noch bei 0,3mm (Kaliber zwischen 10,35mm und 10,65mm).

[52] Quelle: Tafeln zum „Grundriss der Waffenlehre", Sauer, München 1869

ckelten neue Gewehre in kleineren Kalibern. Die Grenze der Verkleinerung bestimmte nicht die Ballistik, sondern die Befürchtung, dass sich kleinkalibrige Läufe beim Bajonettkampf verbiegen könnten. Bei der Kaliberverkleinerung bemerkte man, dass man bei den Geschossen auf den culot verzichten könnte, denn der Gasdruck allein reichte aus, um das Geschoss in die Züge zu drücken. Allerdings konnten Geschosse ohne culot nicht so große Kalibertoleranzen ausgleichen wie Geschosse mit culot, wie die Briten bei der Entwicklung ihrer ersten Enfield-Patrone feststellen mussten[53].

In Großbritannien entstand so das Gewehr P/53 im Kaliber .577" (14,7mm) mit drei Zügen konstanter Tiefe und einem Drall von 72" (1,83m).

Die süddeutschen Staaten entwickelten gemeinsam ein Gewehr im Kaliber 13,9mm für Expansionsgeschosse, konnten sich aber weder auf einheitliche Visierungen noch auf eine einheitliche Munition einigen. Da auch Österreich, Bayern und Sachsen Gewehre im Kaliber 13,9mm einführten, wurde es als „süddeutsches Konventionalkaliber" bezeichnet. Österreich hatte schon 1854 Gewehre in diesem Kaliber eingeführt, allerdings verwendete man ein Kompressionsgeschoss.

Württemberg und Baden verwendeten in ihren Patronen Geschosse mit culot, Hessen ohne. Bayern führte 1858 ein eigenes Gewehrmodell im Kaliber 13,9mm und ein Geschoss ohne culot ein.

---

[53] Gibbons, Brett: The English Cartidge

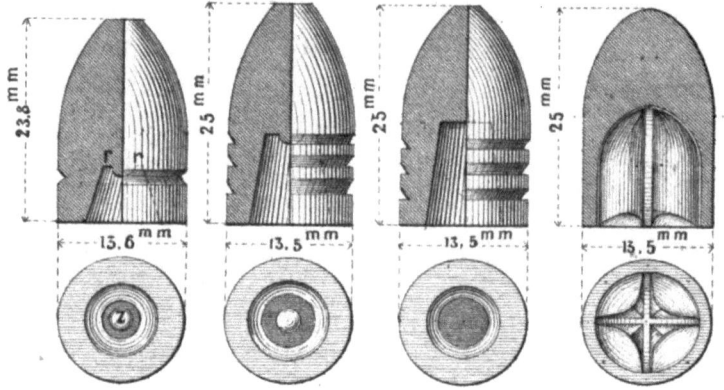

Geschosse[54] für die Gewehre Kaliber 13,9mm, von links nach rechts: Bayern, Württemberg, Baden und Hessen. Die Geschosse aus Baden und Württemberg hatten einen culot.

Die folgende Tabelle[55] enthält die bei süddeutschen und österreichischen Gewehren im Kaliber 13,9mm üblichen Geschossdurchmesser und Ladungsgrößen.

	für Oesterreich	Bayern	Württemb. u. Baden	Gr. Hessen
Geschosskal.	13,55	13,60	13,50	13,50
Normales Rohrkaliber	13,90	13,86	13,90	13,90
Geschossgew.	27,50	29,15	27,30	28,00
Ladung . .	4,37	4,37	4,5	4,00

Kompressionsgeschosse

Bei der Kaliberverkleinerung hatte man nicht nur festgestellt, dass man auf den culot verzichten konnte, sondern auch, dass sich Geschosse durch den Gasdruck stauchten. In Österreich nutzte Lorenz diesen Effekt für ein von ihm entwickeltes Geschoss aus,

---

[54] Bild aus: Sauer, Karl Theodor von: Grundriss der Waffenlehre – Tafeln
[55] Plönnies, Neue Studien, Band 2, 1864

das 1854 zusammen mit einem ebenfalls von ihm entwickelten Gewehr im Kaliber 13,9mm eingeführt wurde.

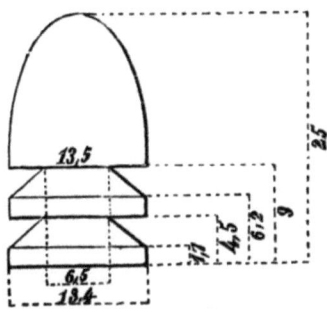

Das originale Lorenz´sche Geschoss[56].

Auch dieses Geschoss war Teil einer außen gefetteten Papierpatrone und wurde selbst nie gefettet. Fett in den Rillen hätte die angestrebte Geschoss-Kompression verhindert.

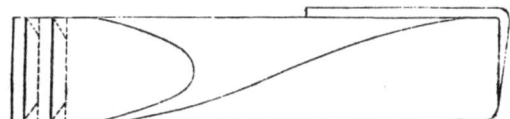

Prinzipskizze einer Patrone für das Lorenz-Gewehr[57]

Zwar gab es bei den Tests des Gewehrs hervorragende Ergebnisse, aber bei den Gewehren aus der Serienfertigung konnte das Geschoss nicht überzeugen.

Die Ursachen der schlechten Schussleistungen lagen aber nicht beim Lorenz´schen Kompressionsgeschoss, sondern bei den in Österreich zulässigen großen Kali-

---

[56] Weygand: Infanterie-Präzisionswaffen
[57] Vorschrift für die Behandlung der Infanterie-Waffen. - Wien: 1856

bertoleranzen bei der Serienfertigung der Gewehre. Cäsar Rüstow schrieb[58] über die Lorenz'schen Kompressionsgeschosse:

> *„Das Lorenz'sche Kompressionsgeschoss ist daher sehr empfindlich gegen ein bedeutendes Maass, überhaupt gegen ein ungleiches Maass des Spielraums. ...*
>
> *Es fehlt daher dem Compressionssystem jene Elastizität, welches dem Expansionssystem in so hohem Maasse eigen ist und seinen Werth für den Kriegsgebrauch begründet; das Compressionssystem ist namentlich, wie wir uns durch zahlreiche Versuche überzeugten, ganz unbrauchbar für grosse Kaliber...*
>
> *Die Praxis lehrt demnach, dass der österreichische, verhältnismäßig kleine Kaliber, ... für das Compressionssystem noch nicht klein genug ist: Die Nutzanwendung liegt nahe."*

Wegen der schlechten Schussleistungen führte man in Österreich am 30.03.1863 ein Expansionsgeschoss nach bayerischem Vorbild ein.

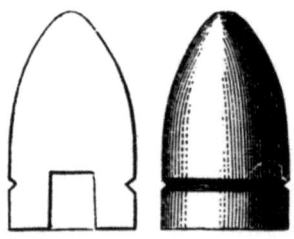

Anstelle des Lorenz-Geschosses in Österreich eingeführtes Hohlbodengeschoss ohne culut[59].

---

[58] Rüstow: Kriegshandfeuerwafffen, Band 2, S.106/107

Anders dagegen in der Schweiz. Hier hatte man mit dem Feldstutzer schon 1851 ein Gewehr im damals revolutionär kleinen Kaliber von 10,4mm eingeführt. Bei diesem kleinen Kaliber glich die Geschosskompression die in der Schweiz zulässigen Fertigungstoleranzen zuverlässig aus.

Zwar wurde der Feldstutzer wie eine Jägerbüchse mit einem gepflasterten Geschoss geladen, aber man sammelte so Erfahrungen mit der Geschoss-Stauchung. Auf Grund dieser Erfahrungen führte man 1856 ein Jägergewehr im Kaliber 10,4mm und gleichzeitig eine passende Patrone mit einem neu entwickelten Kompressionsgeschoss ein.

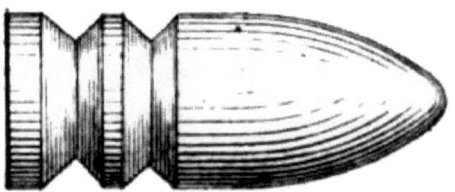

Schweizer Geschoss M.1856 für Jägergewehre[60]

Die mit dem Jägergewehr gesammelten Erfahrungen waren so gut, dass man sich 1863 entschloss, die gesamte Infanterie mit Gewehren im Kaliber 10,4mm zu bewaffnen. Als Geschoss verwendete man dafür ein vom eidgenössischen Zeugwart Buholzer entwickeltes und nach ihm benanntes Kompressionsgeschoss. Um den Nachschub zu vereinfachen, wurde

---

[59] Zeichnung: Weygand: Infanterie-Präzisionswaffen
[60] Das Geschoss war 24,6mm lang. Es musste durch eine Geschosslehre im Durchmesser 10,11 mm passen, aber nicht durch eine Lehre mit dem Durchmesser 9,99mm. Bild aus: Sauer, Karl Theodor von: Grundriss der Waffenlehre - Tafeln

am 24. Mai 1864 entschieden, dass Feldstutzer, Jägergewehr und Infanteriegewehr die gleichen Papierpatronen nutzen sollten.

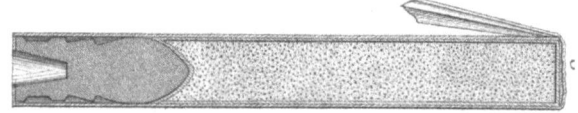

Patrone M.1863 mit Buholzer-Geschoss.

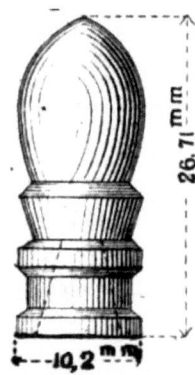

Das Buholzer-Geschosses[61]

Trotz der Verwendung von Patronen blieb die Trefferleistung des Feldstutzers M.1851 gleich.

Einsatz gezogener Militärgewehre

Einen ersten größeren militärische Einsatz von Minie-Gewehren gab es im Krim-Krieg (1853-1856), als die Briten (mit dem Gewehr P/51) und Franzosen mit

---

[61] Beide Bilder aus: Sauer, Karl Theodor von: Grundriss der Waffenlehre – Tafeln. Die mit aktuell verfügbaren Kokillen gegossenen Buholzer-Geschosse haben mit 10,42mm einen größeren Durchmesser als das Original und sind nicht verwendbar für Patronen.

ihren gezogenen Musketen auf die mit glattläufigen Musketen bewaffnete russische Armee trafen. Der russische General Graf Eduard Iwanowitsch von Totleben beschrieb die Situation so[62]: Unsere [glattläufigen] Musketen erreichen den Feind auf eine Entfernung von etwa 300 Schritten, während er ab einer Entfernung von 1.200 Schritten auf uns feuern kann.

William H. Russel, der für die Times als Kriegsberichterstatter über den Krimkrieg schrieb, verglich die verheerende Wirkung der Salven aus den Minie-Gewehren[63] mit einer Berührung durch die Hand des Engels der Zerstörung („... *the volleys oft he Minie cleft them like the hand oft he Destroying Angel ....*"). Er prägte in seinem Bericht über die Schlacht von Balaclava (25.10.1854) auch den heute noch gern verwendeten Begriff der „roten Linie", als er schrieb, dass zwischen den angreifenden russischen Soldaten und der britischen Operationsbasis in Balaclava[64] nur eine dünne rote Linie lag, die die Russen aber nicht überschreiten konnten.

Allerdings meinte er das mit der „roten Linie" wörtlich, denn sie bestand aus den rot uniformierten Soldaten des 93th Regiments, den „Sutherland Highlanders". Insgesamt 700 Briten und 1.000 Türken wehrten den Angriff von 2.300 russischen Kavalleristen ab.

---

[62] So angegeben in: Gibbons, Brett: The Destroying Angel, S. 2
[63] So angegeben in: Gibbons, Brett: The Destroying Angel, S. 34
[64] Schlacht bei Balaclawa, 25.10.1854

Die "rote Linie". Gemälde von Robert Gibb, 1881

Auf dem europäischen Festland zeigte die Schlacht von Solferino die verheerende Wirkung der Minie-Geschosse. Bei Solferino[65] kämpften am 24.06.1859 österreichische Truppen im sardinischen Krieg (oder 2. Italienischen Unabhängigkeitskrieg) gegen die von starken französischen Kräften unterstützte Armee von Sardinien. In der Schlacht wurden etwa 30.000 Soldaten getötet oder verwundet; viele Verwundeten starben später. Weitere 40.000 Soldaten erkrankten nach der Schlacht durch Nahrungsmangel, Überanstrengung und aufgrund der völlig unzureichenden sanitären Verhältnisse.

Im Frieden von Zürich (10.11.1859) musste Österreich den größten Teil der Lombardei an Frankreich

---

[65] Letztlich führte das vom Schweizer Geschäftsmann Henry Dunant geschriebene Buch über die Leiden der Verwundeten aus dieser Schlacht zur Gründung des Roten Kreuzes und zur 1863 abgeschlossenen Genfer Konvention. Das Buch „Eine Erinnerung an Solferino" steht hier kostenfrei als ebook und Hörbuch .pdf-Datei zur Verfügung:
https://www.roteskreuz.at/erinnerung-an-solferino

abtreten, das die Lombardei anschließend an das Königreich Sardinien übergab.

Patronen für gezogene Gewehre

Die Zeit, in der die gesamte Infanterie gezogene Vorderlader führte, war nur kurz. Minie hatte sein Geschoss 1846 erfunden, das erste Gewehr für Minie-Geschosse wurde 1848 eingeführt. Schon 1864 suchte England einen Weg, die gezogenen Enfield-Vorderlader in Hinterlader umzubauen. Unter dem Eindruck des Krieges von 1866 führten fast alle europäischen Staaten Hinterlader ein. Die Schweizer Kantone einigten sich schon 1867 auf die Einführung von Repetiergewehren.

Wie bereits bei der glattläufigen Muskete wurden zur Steigerung der Feuergeschwindigkeit auch bei gezogenen Gewehren Papierpatronen verwendet, und zwar unabhängig davon, ob die Patronen Kompressions- oder Expansionsgeschosse enthielten. Allerdings waren die Patronen jetzt deutlich komplexer aufgebaut als die Patronen für glattläufige Musketen. Sie bestanden aus einem Ladungsbehälter (Pulverzylinder), der durch eine zusätzliche Papierwicklung mit dem Geschoss verbunden war. Die äußere Papierhülle war im Geschossbereich gefettet. Letztlich sind Papierpatronen also nichts anderes als papiergewickelte Geschosse mit angefügtem Ladungsbehälter. Ein mit Papier umwickeltes Bleigeschoss hat viele Vorteile. So kommt das Blei des Geschosses nie direkt mit dem Laufmaterial in Berührung, es gab kein Verbleien der Läufe. Deshalb ließen sich mit papiergewickelten Geschossen höhere Anfangsgeschwindigkeiten erreichen als mit nicht umwickelten Bleigeschossen Da die fertige Patrone im Geschossbereich etwa 0.01" rh (also etwa 0,26mm) kleiner war[66] als der Felddurchmesser des Gewehrs, ließen sich Papierpatronen auch nach 20 oder mehr Schüssen noch leicht laden.

Für die äußere Patronenhülle eignete sich aber nicht jedes Papier, sondern nur Papier mit genau festgelegten Eigenschaften auf Pflanzen- oder Lumpenbasis. Die heute leicht verfügbaren Drucker- oder Kopierer-Papiere sind ungeeignet, genauso wie Butterbrot- oder Packpapier. Gut geeignet ist dagegen das üblicherweise für die Wicklung von Bleigeschossen (paper patch) verwendete PP-Geschosspapier[67]; 100% Cotton, Stärke 0,002" (0,05mm).

Kokillen (Gießformen) für geeignete Geschosse sind aktuell nur wenige im Angebot. Die derzeitig übliche (ahistorische) Ladeweise bei Vorderlader-Dienstgewehren (DSB-Regelnummern 7.20 und 7.21) benötigt gefettete und auf den Felddurchmesser kalibrierte Geschosse, während man für Patronen Geschosse benötigt, die einen um etwa 0,4 bis 0,5mm geringeren Durchmesser als das Feldkaliber haben[68].

Patronen für britische Enfield-Gewehre

Großbritannien führte 1853 das Gewehr Pattern 1853 (P/53) im Kaliber 14,7mm (.577") ein. Der Lauf hatte drei Züge konstanter Tiefe (0,014") und einen Drall

---

[66] Rüstow, Kriegshandfeuerwaffen, Bd. 2
[67] Im Angebot bei Georg Buchmiller (https://gebu-waffen.de)
[68] Bei der Hensel-GmbH (http://www.henselgmbh.de) sind aktuell lediglich zwei geeignete Gießformen für Langgeschosse mit Hohlboden im Angebot, ein Pritchett-Geschoss für Enfield-Gewehre, Durchmesser .565" und ein Geschoss für den bayerischen Podewils-Vorderlader M.1858, Durchmesser 13,6mm.

von 72" (1,83m). Ein guter Schütze sollte mit dem Enfield-Gewehr P/53 und der zugehörigen Patrone auf 300 Yards einen Kreis von einem Fuß (30,5cm) Durchmesser treffen können.

Kurze Zeit später wurden Gewehre mit einem fünfzügigen Lauf, progressiver (zur Mündung hin abnehmender) Zugtiefe und einem Drall von 1,22m entwickelt und in Teilen des Heeres eingeführt, wobei man die mit dem Enfield-Gewehr P/53 gesammelten Erfahrungen berücksichtigte.

Die britische Patrone war 3" (72,6 mm) lang und enthielt eine Ladung von 2,5 drams (4,43 Gramm bzw. 68,4 Grain) engl. Militärpulver (R.F.G.). Aus dem Gewehr verschossen, hatte das Geschoss 30 Yards nach der Mündung eine Geschwindigkeit von 367 m/s (1206,3 fps).

Die Körner des Pulvers der Sorte R.F.G (Rifle Fine Grain) mussten durch ein Sieb mit 12 Maschen je Zoll fallen, aber auf einem Sieb mit 20 Maschen je Zoll liegen bleiben[69]. Wenn man annimmt, dass die Siebböden mit einem etwa 0,5mm starken Draht bespannt waren, bestand das Pulver aus Körnern, deren Größe zwischen 0,8mm und 1,7mm lag.

Das von Pritchett entwickelte Hohlboden-Geschoss[70] hatte einen Durchmesser von .568" (14,4mm), eine Länge von 1,03" (26,2mm) und wog 530 Grain. Während man in den ersten Jahren ein Hohlbodengeschoss ohne Treibspiegel nutzte, wurden nach Experimenten mit einem eisernen culot später Geschosse

---

[69] Treatise on Ammunition
[70] Smith, W.E: Handbook of Musketry

mit einem Treibspiegel aus Buchsbaumholz verwendet. Das sicherte, dass alle Gewehre gute Trefferleistungen aufwiesen.

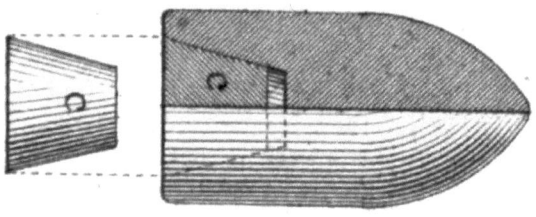

Pritchett-Geschoss[71], späte Variante.

Die Papierzuschnitte zum Wickeln der Hülse hatten folgende Abmessungen:

---

[71] Sauer, Karl Theodor von: Grundriss der Waffenlehre - Tafeln

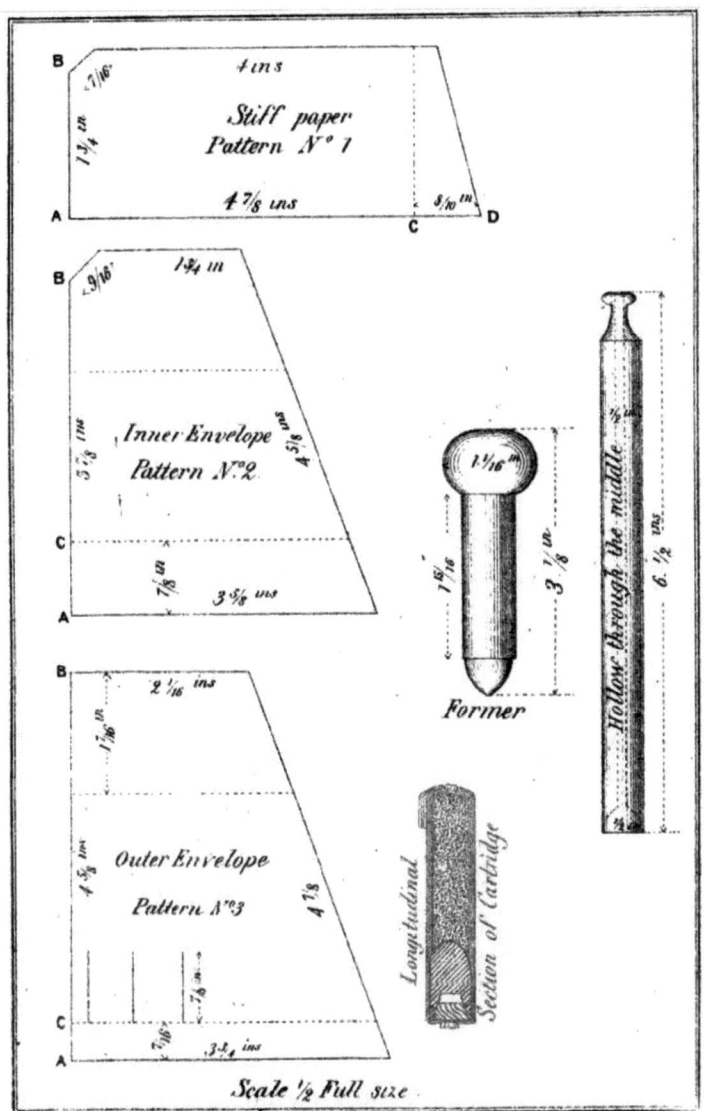

Größe der einzelnen Papierbögen der britischen Patrone[72]

---

[72] Hawes, Arthur B.: Rifle Ammunition

Die drei Einschnitte im Blatt Pattern No. 3 sollten helfen, dass sich das Papier der Hülse auf jeden Fall beim Schuss vom Geschoss trennt. Die Anfertigung der Patronen erfolgte so[73]:

Benötigt wurde ein 6,5" langer Stab mit dem Durchmesser ½", der an einem Ende entsprechend der Geschossform ausgehöhlt war. Weiterhin wurde ein Geschossformer benötigt, dessen vorderes Ende wie die Spitze des Geschosses geformt war.

Für die äußere Hülle und die Umhüllung des Pulverzylinders verwendete man ein nicht näher beschriebenes Papier der Sorte White Fine (WF), während der Pulverzylinder aus einem beliebigen steifen Papier (stiff paper) bestand. Die Verwendung von Packpapier (wrapping paper) war dafür ausdrücklich zugelassen.

Das Papier für den inneren Teil des Pulverzylinders (Pattern No. 1) wird etwa 2 ½ mal straff um den Wickelstab gewickelt. Danach wird die äußere Hülle des 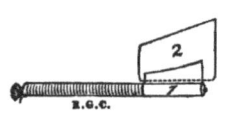 Pulverzylinders (Pattern No. 2) straff über die innere Hülle des Pulverzylinders gewickelt. Das überstehende Papier (Länge etwa 7/8 Zoll) der äußeren Hülle wird zusammengedreht und in die Aussparung des Wickelstifts gedrückt.

Mit dem Formholz (oder der Spitze eines Geschosses) wird in dem in die Aussparung des Wickelstifts ge-  drücktem Papier die Form der Geschoss-Spitze abge-

---

[73] Coles: Illustrated musketry vade necum

bildet. Mit dem Wickelstift wird das Papier fest gegen die Spitze des Formholzes (bzw. des Geschosses) gedrückt, damit sichergestellt ist, dass später kein Pulver aus dem Pulverzylinder auf das Geschoss rieseln kann.

Die Spitze des Geschosses wird in die dafür vorgesehene Stelle des (noch auf dem Wickelstift steckenden)   Pulverzylinders 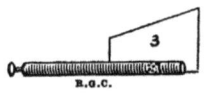 gelegt und so auf das Papier der äußeren Hülle (Pattern No.3) gelegt, dass zwischen Geschossboden und Rand des Papiers etwa ½" Abstand besteht. Nun wird das Papier der äußeren Hülle straff über den Pulverzylinder und das Geschoss gewickelt. Danach wird das am Geschossboden überstehende Papier zusammengedreht und in den Hohlboden des Geschosses gedrückt. Bei einem Geschoss mit Treibspiegel aus Buchsbaum wird das am Geschossboden überste-  hende Papier abgebunden und zu einer Rosette geformt. Mit dem Wickelstift wird nun der Boden der Patrone auf eine feste Unterlage gesetzt und dabei der Pulverzylinder auf die Geschoss-Spitze gedrückt.

Danach wird oben ein Trichter in die Patrone gesteckt und der Pulverzylinder unter Nutzung eines Schöpfmaßes gefüllt. Dabei darf kein Pulver zwischen Pulverzylinder und äußere Patronenhülle gelangen.

Nun wurde die Patrone verschlossen. Das über dem Pulverzylinder stehende Papier wurde zusammen-

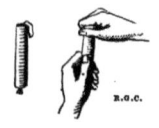

gedreht und die flachen Enden des Papiers über die Patrone gelegt. Man kann das zusammengedrehte Papier aber auch mit einem Feuerwerker-Knoten sichern und dann erst das überstehende Papier über die Patrone legen.

Zuletzt wurde der Bereich der Patrone, der das Geschoss enthielt, in geschmolzenes Fett getaucht. Anfangs verwendete man dafür eine Mischung aus 5 Teilen Wachs und einem Teil Talg. Später wurde nur noch Wachs verwendet, was sich in allen Klimazonen bewährte. Außerdem verhinderte man so die gelegentlich auftretende Geschosskorrosion, die bei längerer Lagerung der Munition auftreten konnte. Talg enthält Säuren, die das Geschossmaterial angreifen können.

Patronen für Schweizer Gewehre

Die Schweiz führte 1856 ein Jägergewehr und 1863 ein für die Bewaffnung der gesamten Infanterie bestimmtes Gewehr ein, beide im Kaliber 10,4mm. In den Patronen für das Jägergewehr wurde das Geschoss M.1856 (s. Seite 41) verwendet. Die Herstellung der Patronen für das Jägergewehr wird so beschrieben[76]:

„....

§5. Die Ladung beträgt 4 Grammen kontrollierten Pulvers, von rundem Korn Nr.3 bester Beschaffenheit (möglichst wenig Staub enthaltend) ...

---

[76] Sammlung der in Kraft bestehenden Gesetze, Beschlüsse, Verordnungen und Vorschriften des Bundes über das schweizerische Militärwesen bis zum 31. Juli 1861, hier „Vorschrift über die Verfertigung und Verpackung der Munition" (Verordnung des Bundesrats vom 16. Herbstmonat 1859)

§ 7. Die Papierhülsen sind von zweierlei Gattungen Papier verfertigt, nämlich die eine, innere, das Pulver enthaltend, die andere, äußere, welche das Geschoss mit der Pulverhülse vereinigt.

§ 8. Das Papier für die Pulverhülsen muß glatt, fest und elastisch sein. Es werden hieraus Rechtecke von 13 Linien Länge und 21 Linien Höhe[77] geschnitten über genau abgedrehte, unten nach der Spitzform des Geschosses ausgefraiste Wickler[78] zu einer Hülse aufgerollt und gekleistert und mittels eines passenden Hölzchens am Boden eine der Geschoßspitze entsprechende Wölbung gebildet.

§ 9. Das Papier für die äußeren Hülsen soll nur aus leinenen Stoffen verfertigt, ungebleicht, aber gut geleimt, ohne Falten und Löcher und von möglichst gleichförmiger Dicke sein ...

§ 10. Das Papier [für die äußere Hülle, Anmerkung des Autors] wird in trapezförmige Blätter[79] geschnitten, alsdann diese, nachdem eine Pulverhülse wieder an den Wickler gesteckt und ein Geschoß gelegt wurde, zu einer Hülse fest aufgerollt und der unterste Theil des Papiers in vier regelmäßigen Falten an den Boden des Geschosses angedrückt. Damit das Pulver sich nicht zwischen die Papiereinlagen und die Pulverhülse schieben könne, wir der Anfang und das Ende der inneren Hülse mittels einer schmalen Kleisterlage geschlossen und gleichzeitig

---

[77] 1 Linie=3mm, das Blatt ist also 39mm lang und 63mm hoch
[78] Der Wickler hatte einen Durchmesser von 10,05mm und war 16,5cm lang. Vorn war er auf einer Länge von 5,7cm auf 9,45mm abgedreht.
[79] Das Blatt war 12 cm hoch, unten 7,5cm und oben 5,2cm breit.

mit der äußeren Hülse vereinigt. Hierauf wird die Hülse in der Patronenlehre kalibriert.

§ 11. Nach dem Einfüllen und Zusammenschütteln der Ladung wird das vorstehende obere Ende der Hülse flach gedrückt, etwa 2 Linien über der Pulverhülse von beiden Seiten eingelegt und auf die Hülse herabgebogen. Sie ist nun zum Fetten bereit.

§ 12. Das Fett ist eine Mischung von 1 Theil Wachs und 5 Teilen reinen Unschlitt[80], welches in einem Gefäß heiß gemacht, den flachen Boden ungefähr 4 bis 5 Linien hoch bedeckt. Die Patrone wird am untern Ende eingetaucht, das überflüssige Fett namentlich vom Boden abgestoßen und zum Erkalten beiseite gestellt. ...

Anfertigung – heute

Wenn heute Patronen für gezogene Vorderlader-Militärgewehre angefertigt werden sollen, müssen vorher einige Fragen beantwortet werden:

1. Welche Maße haben die zur Herstellung notwendigen Papierbögen?
2. Kann ein geeignetes Papier für die äußere Patronenhülle beschafft werden?
3. Gibt es im Handel eine geeignete Gießform für die Geschossherstellung oder muss eine Maßkokille angefertigt werden?

Als Beispiel für die Herstellung von Papierpatronen für gezogene Militär-Vorderlader werden Patronen für Gewehre im Kaliber 13,9mm (süddeutsches Konventionalkaliber) angefertigt. Für ihre Erprobung wurde der von Pedersoli hergestellte Nachbau des württem-

---

[80] Ungesalzener Talg, vom Rind oder Schaf.

bergischen Gewehrs M.1857 verwendet. Da die württembergische Vorschrift für die Patronenherstellung nicht bekannt ist, wurde bei der Anfertigung der Patronen nach der britischen Vorschrift verfahren, wobei die Maße der einzelnen Papierelemente an Kaliber und Ladung angepasst wurden.

Zunächst wurden die Maße der zur Herstellung notwendigen Papierbögen festgelegt.

Das Blatt für den Pulverzylinder bzw. Pulverbehälter (im Musterbogen als „1" bezeichnet) sollte nicht ganz zweimal so lang sein wie der Geschossumfang. Seine Höhe richtet sich nach der Größe der Pulverladung und wurde hier durch Erprobungen ermittelt. Für eine Ladung von 4 Gramm würde ein etwa 3,5cm hoher Pulverzylinder ausreichen, bei der gewählten Ladung von 4,35 Gramm hat der Pulverzylinder eine Höhe von 3,8cm.

Die äußere Hülle des Pulverzylinders (im Musterbogen als „2" bezeichnet) hat die gleiche Länge wie der Pulverzylinder, ist aber etwa 1,2 bis 1,5 cm höher, denn aus dem vorderen Teil der äußeren Hülle wird die Negativ-Form der Geschoss-Spitze geformt.

Die Abmessungen der äußeren Hülle der Patrone (im Musterbogen als „3" bezeichnet) werden so abgeschätzt:

- Der untere Teil des Blattes ist etwa 2,3mal bis 2,5mal so lang wie der Umfang des Geschosses.
- Der obere Teil des Blattes ist etwa anderthalb mal so lang wie der Umfang des Geschosses.

- Die Länge des Blattes ergibt sich ungefähr aus der Geschosslänge plus zweimal die Länge des Pulverzylinders.

Anschließend werden diese Maße soweit modifiziert, dass sich möglichst wenig Verschnitt bei dem verwendeten Bogen ergibt.

Dann benötigt man ein Geschoss, das einen um etwa 0,25mm bis 0,35mm geringeren Durchmesser hat als das Feldkaliber des Laufes.

Dafür geeignet ist ein Geschoss aus einer bei der Hensel-GmbH verfügbaren Kokille für ein Langgeschoss mit Hohlboden, Kaliber 13,6mm (.535"). Das 30,1 Gramm schwere Geschoss (gegossen aus nicht legiertem Blei) ist ohne weitere Kalibrierung verwendbar. Geschosse aus einer Lee-Kokille #90474 (formaler Durchmesser .54" (13,7mm) und Masse 26,9 Gramm) haben einen geringfügig zu großen Durchmesser, der die Verwendung nicht kalibrierter Geschosse in der Patrone ausschließt.

Außerdem benötigt man einen Wickelstift (Winder). Der folgende Musterbogen zeigt die Maße der einzelnen Elemente:

**Herstellung von Papierpatronen für Minie-Gewehre
hier für ein Gewehr Kaliber 13,9mm**

**Wickelstift (Winder)
Material: Holz, Kunststoff oder Metall**

**Länge: ca. 130mm
Durchmesser: 13,5mm
im vorderen Teil auf 38mm Länge abgesetzt auf 13mm
Spitze des vorderen Teils entsprechend der Form
des Geschosskopfes ausgehöhlt**

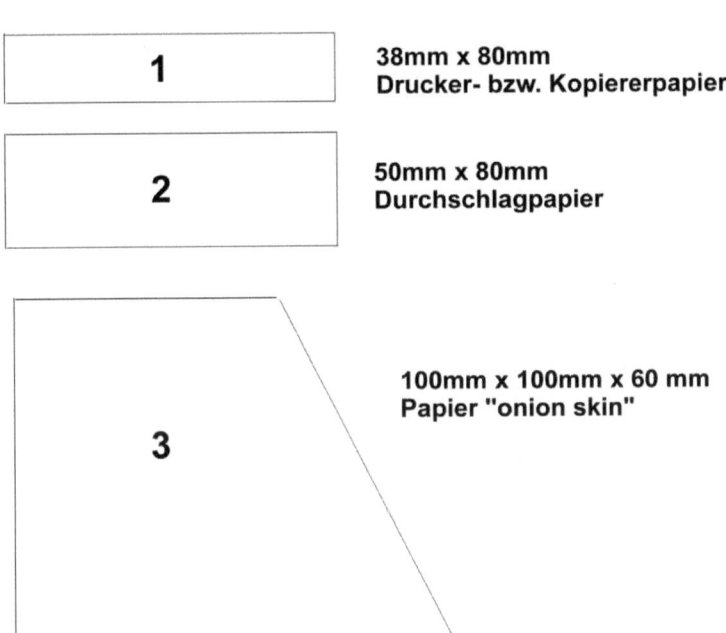

**38mm x 80mm
Drucker- bzw. Kopiererpapier**

**50mm x 80mm
Durchschlagpapier**

**100mm x 100mm x 60 mm
Papier "onion skin"**

Für den Pulverzylinder (im Musterbogen als „1" bezeichnet) kann beliebiges steifes Papier verwendet
werden, z.B. nicht zu steifer Zeichenkarton oder han-

delsübliches Drucker- oder Kopierpapier der Stärke 80 g pro Quadratzentimeter.

Die Hülle des Pulverbehälters (im Musterbogen als „2" bezeichnet) besteht aus Durchschlagpapier[83].

Für die äußere Hülle (im Musterbogen als „3" bezeichnet) wurde das zur Wicklung von Geschossen (paper patch) bestimmte Geschosspapier; 100% Cotton, Stärke 0,002" (0,05mm) verwendet.

Der Pulverzylinder wird aus dem im Musterblatt mit „1" bezeichneten Papierstreifen gewickelt. Sein letztes Viertel wird mit Klebestift eingestrichen. Bündig mit der Oberkante wird darauf die aus Durchschlagpapier bestehende äußere Hülle des Pulverzylinders (im Musterbatt mit „2" bezeichnet) gelegt und im letzten Drittel ebenfalls mit dem Klebestift eingestrichen.

Anschließend wird der Papierstreifen über dem auf 13mm abgesetzten Teil des Wickelstifts straff um den Stift gewickelt.

---

[83] Z.B. holzfreies Onion Skin Paper von Brunnen, Stärke 30g je Quadratzentimeter

Das überstehende Durchschlagpapier wird zusammengedreht, in die Höhlung des Wickelstifts geschoben und mit einem Geschoss darin die äußere Form der Spitze abgeformt.

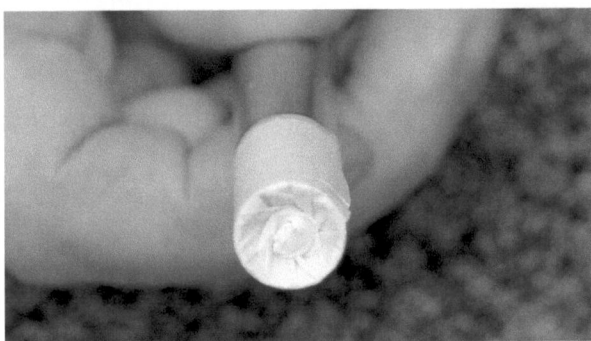

Je nach Tiefe der Aussparung im vorderen Teil des Wickelstifts kann es notwendig werden, den Pulverzylinder etwas nach vorn zu schieben. Es ist wichtig, dass der Pulverzylinder vollständig über die Spitze des Geschosses greift.

Geschoss und Pulverzylinder werden auf das die äußere Hülle bildende Blatt gelegt. Dabei liegt das Geschoss mit der Spitze in der Höhlung im vorderen Teil des Pulverzylinders. Sein Boden hat etwa 1,4cm Abstand zur Kante des Hülsenpapiers, das jetzt mit dem Wickelstift straff um Geschoss und Pulverzylinder gewickelt wird. Wichtig ist, dass die äußere Papierhülle straff (!) und ohne Falten oder Zwischenräume am Geschoss anliegt.

Das über dem Geschossboden stehende Papier wird zusammengedreht und in den hohlen Geschossboden geschoben.

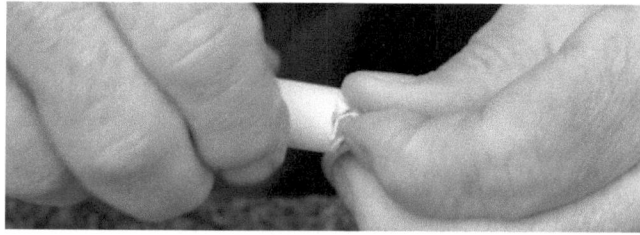

Nach dem Herausziehen des Wickelstifts (der Pulverzylinder sollte dabei nicht mit herausgezogen werden) kann die Patrone mit Pulver geladen werden. Dafür wurde (nach einigen Tests) eine Ladung von 4,34 Gramm (67 Grain) Schwarzpulver der Sorte WANO P verwendet. Das entspricht etwa der Ladung der bayerischen Patrone für das Gewehr M.1858. Zum Füllen der Patrone mit Pulver verwendet man am besten einen Trichter. Das sichert, dass kein Pulver zwischen Pulvertrichter und äußere Patronenhülle gelangt.

Nach dem Einfüllen des Pulvers wird das über der Ladung stehende Papier zusammengedreht und mit einem Knoten gesichert.

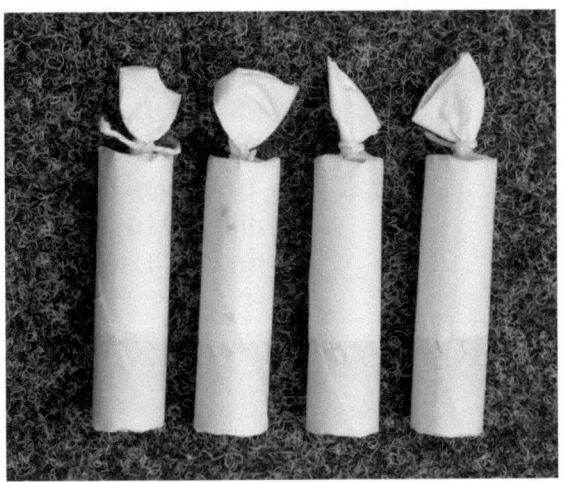

Vier noch ungefettete Patronen

Um das beim Laden der Waffe notwendige Abreißen des Pulverzylinders zu erleichtern (das für die Außenhülle verwendete Papier ist eher reißfest), kann die Patrone zwischen Geschoss und Pulverzylinder gerändelt werden, wobei dieser Arbeitsgang aber nicht unbedingt erforderlich ist. Zum Rändeln dient ein handelsübliches Kopierrad.

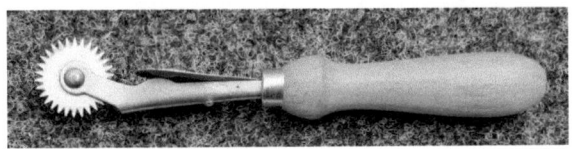

Anschließend wird der Bereich der Patrone, in dem sich das Geschoss befindet, außen dünn mit einer flüssig gemachten bewährten Mischung aus fünfzig Teilen Schafstalg, zehn Teilen Bienenwachs und 8 Teilen synthetischem Walrat eingestrichen.

Laden der Patronen

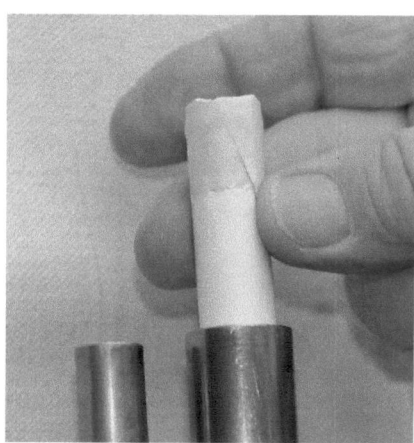

Beim Laden wird zuerst die Hülse über dem Pulverzylinder aufgerissen und wie bei der glattläufigen Muskete das Pulver in den Lauf geschüttet.

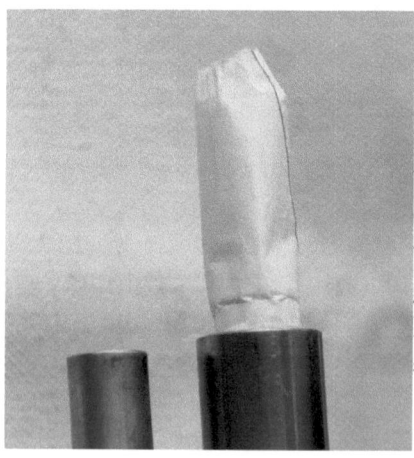

Dann wird die Patrone um 180 Grad gedreht und das Geschoss (mit dem umhüllenden gefetteten Papier) in den Lauf gesteckt. Das sich dabei Fett an der Mündung abstreift, ist normal.

Der Pulverzylinder wird abgerissen und das immer noch im Hülsenpapier steckende Geschoss mit dem Ladestock in den Lauf geschoben.

Lediglich die US-Armee verwendete eine Patrone, bei der das Geschoss beim Laden aus dem Patronenpapier gedrückt wurde.

Die Patrone wurde sowohl auf 50m als auch auf 100m erprobt. Auf beiden Entfernungen gab es weder Pendler noch quer einschlagende Geschosse, die Präzision war hervorragend. Sitzend mit aufgelegtem Gewehr geschossen, betrug bei 10 Schüssen der Streukreis auf 100m 97mm.

Das Scheibenbild zeigt 10 Schuss, stehend freihändig auf 50m. Verwendet wurde die beschriebene Papierpatrone

Das außen gefettet Hülsenpapier trennte sich vom Geschoss und lag etwa anderthalb bis zwei Meter vor der Mündung der Waffe.

Nach dem Schiessen: Reste des Hülsenpapiers. Links zwei abgerissene Pulverzylinder

Literatur

Anonymus: Das Deutsche Wehr- und Schützenwesen nach den technischen Anforderungen der Gegenwart. – Darmstadt und Leipzig: Zernin, 1862.

Bailey, De Witt: British Military Flintlock Rifles, 1740 – 1840: -. Lincoln R.I.: Mowbray Inc., 2002.

Baker, Ezekiel: Twenty-six years Practice and observations with rifle gun. – London: 1806.

Beroaldo Bianchini: Abhandlung über die Feuer- und Seitengewehre. - Wien: Kaiserlich-königliche Hof- und Staats-Aerariall-Druckerei, 1829. 2 Bände.

Bestimmungen, betreffend die Ausbildung der Jäger und Schützen. - Berlin: Decker, 1868.

Coles, R.G.: Illustrated musketry vade necum. – London: 1865.

Eckhard, Werner; Morawietz, Otto: Die Handwaffen des brandenburgisch-preußisch-deutschen Heeres. - Hamburg: H.G.Schulz-Verlag, 1973.

Die Kriegsverfassung des Deutschen Bundes. – Frankfurt: Bundes-Präsidialdruckerei, 1846.

Gibbons, Brett: The English Cartidge, Pattern 1853 Enfield Rifle-Cartridge Ammunition. - Amazon, 2020.

Gibbons, Brett: The Destroying Angel, the Rifle Musket as the First Modern Infantry Weapon. - Amazon, 2019.

Götz, Hand-Dieter: Militärgewehre und Pistolen der Deutschen Staaten 1800 – 1870. – Stuttgart: Motorbuch-Verlag, 1996.

Gumtau, Carl Friedrich: Die Jäger und Schützen des preußischen Heeres, was sie waren, was sie sind und was sie sein werden. - Berlin: Mittler, 1835. - 3 Bände.

Handbibliothek für Offiziere oder Populaire Kriegslehre für Eingeweihte und Laien. – Berlin: Herbig, 1828. Bd. 3. Waffenlehre.

Handbuch zur Belehrung der Landwehr-Subaltern-Offiziere über ihre Berufs- und Dienstpflichten. - Berlin: Mittler, 1837.

Hawes, Arthur B. Rifle Ammunition. – London: W.O.Mitchell, 1859.

Plönnis, Wilhelm von: Neue Studien über die gezogene Feuerwaffe der Infanterie. – Darmstadt: Zernin, 1861.

Plönnis, Wilhelm von: Neue Studien über die gezogene Feuerwaffe der Infanterie. – Darmstadt: Zernin, 1864. Bd. 2.

Rouvroy, F.G.: Das kleine Feuergewehr sowohl für das Fußvolk als auch für die Reiterei. – Dresden: Arnold, 1820.

Rüstow, Caesar: Die Kriegshandfeuerwaffen. – Berlin: Bath, 1857–1865. Bd. 1.2.

Rüstow, Caesar: Die neuesten gezogenen Feuerwaffen der europäischen Kriegsheere. – Leipzig: Spamer, 1863.

Sammlung der in Kraft bestehenden Gesetze, Beschlüsse, Verordnungen und Vorschriften des Bundes über das schweizerische Militärwesen bis zum 31. Juli 1861. – Bern: Rätzer, 1860.

Sauer, Karl Theodor von: Grundriss der Waffenlehre : Tafeln. - München: Cotta, 1866.

Scharnhorst, G.H.D v.: Über die Wirkung des Feuergewehrs. – Berlin: Nauck, 1813.

Schott, J.: Grundriss der Waffenlehre. - Darmstadt und Leipzig: Zernin, 1876.

Schuh, M.: Die Feuerwaffen der königl. baierischen Infanterie und Kavallerie. – München: 1825.

Smith, William E.: Handbook of Musketry, comprising the theory, drill and practice of the Enfield-Rifle. – London: 1858.

Thierbach, Moritz: Die geschichtliche Entwicklung der Handfeuerwaffen.– Dresden: 1885. - 3 Bände.

Treatise on Ammunition, corrected up to december 1877. – London: 1878.

Vorschrift für die Behandlung der Infanterie-Waffen. - Wien: 1856.

Vorschriften zur Fertigung der Patronen für die Zündhütchen-Gewehre und Schützen-Stutzen der Infanterie. – München: Hübschmann, 1841.

Weygand, Hermann: Infanterie-Präzisionswaffen. – Leipzig: Buchhandlung f. Militärwiss., 1872.

Witzleben, A. von: Grundzüge des Heerwesens und Infanteriedienstes der Königlich-Preußischen Armee: - Berlin: C.Grobe, 1845.